大是文化

你是誰就會遇見誰

愛情靠天意，但更需要人爲，
爲每個希望進入親密關係的人找出路。

《如何擁抱一隻刺蝟》作者、
點擊量超過 700 萬次的「戀愛心理學」慕課主講人
段鑫星、呂凱淇、謝幸福／著

Contents

02 偶爾羨慕愛情，常常慶幸自由——迷茫式單身……61

03

最好的總是在錯過中——錯過式單身

04 在愛情面前我總是猶豫不決——糾結式單身

05

不是沒人追求，只是覺得戀愛太麻煩——沉浸式單身

06

自戀是他談過最長的戀愛——自戀式單身 161

07

對於感情，高不成，低不就——懸置式單身

08

為避免結束，拒絕開始——社恐式單身

09 我的情人是偶像——虛擬式單身 ⋯⋯⋯ 237

推薦序一
你越懂單身，就越不容易單身

諮商心理師、溝通培訓講師／瑪那熊

開車回家路上遇到塞車，索性打開廣播（是的，我是個老派的大叔）打發時間。「接下來，與聽眾朋友分享一首老歌」剛聽到接續主持人聲音的前奏，我立刻聽出了這首歌的歌名。

好多年前與初戀對象分手後，有段時間我的生活幾乎停擺，總是無精打采、把自己關在房間裡，還弄了個「失戀歌曲清單」不斷循環播放，創造出一個苦情、悲情又充滿淡淡哀傷的空間。其中，我最喜歡聽的就是蘇永康〈舊愛還是最美〉，尤其聽到「人一輩子常常只有，只有一次緣分，錯過就再也遇不到那麼好的人」這句，總是淚流滿面跟著哼唱，覺得自己一世人烏有去了（臺語：都毀了），未來注定要單身一輩子啦！

在走出來的多年後，我成為了心理師、關係顧問，接觸了許多單身者與情侶，我發現有不少人共同被困在名為「初戀」的牢籠之中，或許你也曾如此。當初有多少刻骨銘心的甜蜜，對後來的你就有多少遺憾、悔恨的哀嘆。

「不自禁找尋很像他的情人，但是沒有誰有像他的靈魂」這些年來，你總是有意無意尋找與他相似的身影，即使有其他對象出現，你還是會忍不住拿對方與記憶中逐漸模糊的身影相比：「他人很不錯，但好像還是少了點什麼」。

到最後你就如同歌詞所述，「從此能付出的情愛也不完整」。於是你乾脆躺平「享受」單身生活，縱然你心中其實仍渴望著一段愛情；又或許你成為海王、海后「遊走於眾多對象之中，貪戀著肉體歡愉而不投入感情，以避免自己再次經歷類似的苦痛。

比起已經完成、圓滿的事情，人們更容易記得尚未完成、被打斷的任務。愛情往往也是如此，這種受初戀影響的單身型態，被本書作者稱為「蔡加尼克式單身」。同時這本書也打破了一般認為「單身不是我自願的」觀念，認為我們每個人都很可能是「憑實力單身」。

什麼意思呢？你以為自己選擇了單身，事實上卻很可能是被過往愛情、成長歷程，或人際經驗所綑綁，最終導致了單身。就如人們常常不自覺的為自己寫出了許多腳本，並擔任起導演讓劇本成真，卻以為這是命運的玩笑、月老的捉弄。事實上，「單身」只是一個表面的結果，底下隱藏著許許多多的行為、心態、動力，相互交織、共同創造出我們看似坎坷的感情路。

本書將「憑實力單身」分為九種型態，除了對不同風格的單身樣貌進行深入淺出的描繪外，也從心理學切入，進行清楚全面的剖析，讓你了解自己到底為什麼總在愛情中載浮載沉、迄今仍是孤家寡人。當然，正如本書作者所說，這些分析與建議並非鼓勵大家都要去解「脫單任務」，也不需抱著「非脫單不可」的執念給自己壓力，而是透過閱讀更加認識自己。

若你最終仍不願踏入情場，也能因為知道行為背後的脈絡原因，更自在的

1 「海王」與「海后」，分別指渣男、渣女。

選擇享受單身。若你早就想結束單身但總不順遂，本書則能助你找到盲點、進行調整。

人一輩子是否只有一次緣分？錯過這位是否再也遇不到更好的人？從此能付出的情愛是否更加成熟完整？這些問題的答案，端看你如何勇敢面對愛情、怎樣找回當初真實真誠的自己。我們的愛情旅程是唱成悲歌，或哼成溫暖的情歌，很大一部分取決自身的努力。所以別忘了，月老要拜，這本好書也要看！

推薦序二

是什麼讓我遇見這樣的你

作家／P's

一看到《你是誰就會遇見誰》這書名，就讓我很有感覺。

每當提到「擇偶條件」時，我們總會在清單上洋洋灑灑的列下許多標準，雖然最終未必能心想事成，甚至會隨著年紀增長、閱歷變化而逐一增減，但心目中對於理想伴侶的模樣，或多或少還是有著不切實際的理想。但這裡所說的不切實際，並不是指擇偶標準太好高騖遠，或你配不上更好的人，而是我們是否真切的想過，我們期許的愛情，也許並不是以對方符合幾項條件就可堆砌而成，而在於我們自己的心態？

很多人常說找尋另一半就像是照一面鏡子，而這鏡子的意義可以是照出和自己相似的人，也可以是自我欠缺的互補對象，又或者是在我們內心底層沒有被和解、被滿足，以及受成長環境影響的依戀與認同的投射。這林林總總伴侶雛形的源頭，都來自於我們自己，這也就是為什麼我一眼就被書名給吸引，因為能左右我們被什麼樣的人吸引、和什麼樣的人在一起，不是月老的紅線，是你我有沒有真正弄明白自己的狀態。

我們都是信仰著愛的善男信女，這無關單身與否，能遇到能相愛的人當然很好，但若遇不到也沒關係，你可能只是選擇了不將就而已，而這選擇也與愛大有關係，因為你足夠愛自己、因為你只甘願擇你所愛，且肯定要愛你所擇，所以讓自己處在一個人的位置，才有空間和時間，在未來放進另外一個最愛的人。

本書將單身的模式分成九種，並佐以心理學的角度分析，對我這個單身的人來說，就像是沿路拾起碎片，拼湊出此時此刻的我為什麼單身的原因。同理，即便現在有伴侶卻過著不是理想相愛狀態，或是不斷穿梭在一段段愛情裡的人，也可以透過這本書去拆解，是不是有什麼樣的內在問題阻礙著你追尋幸福的發展？

我常常在想，不就是找個和自己一樣深愛著對方的人，真有這麼難嗎？甚至有時候也會責備起運氣、怨懟起緣分，最後回過頭自怨自艾，是不是自己不夠好、不值得被愛……諸如此類的迴圈。然而，我們本來就無法去控制別人的喜好、不能去強求自己的付出能夠得到相同的回報，我們能做的，從來就只有把專注力回到自己身上。

不是用自我埋怨來解嘲、不是自暴自棄而放棄愛的權利，而是持續進化，讓自己能成為連自己都會喜歡的模樣，只要我們能夠達到那樣的狀態，甚至有沒有人喜歡也已經不是首要，因為能真摯的喜愛自己，單身也可以很開心，而且也會有更多的信念與耐心，去等待同樣喜愛這樣的自己的人來臨。

歌手白安有首歌叫做〈是什麼讓我遇見這樣的你〉，我想看完這本書後，我們都能找到心滿意足的解答。

前言
你的愛情，藏著你的童年依戀

心理學家西格蒙德．佛洛伊德（Sigmund Freud）曾說過：「**成年人的行為可以從他兒時找到痕跡。**」同樣，成年人的親密關係中，藏著他們童年時的依戀。

從英國心理學家約翰．鮑比（John Bowlby）的兒童依戀理論（atchment theory），發展到後來廣為人知的成人依戀理論，比較有廣泛影響力的是心理學家辛蒂．哈珊（Cindy Hazan）和菲利普．沙弗（Phillip Shaver）於一九八七年提出的四類模式，該模式將個人對自我依賴，及逃避他人的主觀認知分為正負兩面向，以自我是否值得被愛與支持，及他人是否值得信任的觀點進行研究分析，將成年人的依戀關係分為四種（見左頁圖）。

焦慮被拋棄程度，即當面對戀人時，第一反應是悲觀多一些，還是平靜多一些；迴避親密程度，即面對戀人時，潛意識中想要逃避的程度是多少。根據排列組合，可得到以下四種依戀人格：

- **安全型依戀**（secure）。此類依戀者認為自己是值得被愛的，和有價值的，他人也是值得愛和信任的，對自己與戀人的態度都是積極的。
- **痴迷型依戀**（preoccupied）。此類依戀者認為自己是不值得被愛，和沒有價值的。這種類型的個體總是在努力贏得他人的接納，並以此擺脫消極的自我評價，他們對他人的態度更為積極。
- **恐懼型依戀**（fearful）。此類依戀者對自己和他人的態度都是消極的，這種類型的個體可能會因為害怕他人的拒絕，而避免與他人發生聯結。
- **疏離型依戀**（dismissing）。此類依戀者對自己的看法相對積極，認為自己是有價值的，但是認為他人會拒絕自己，這種類型的個體會透過避免與他人

焦慮被拋棄程度低＋迴避親密程度低＝安全型
焦慮被拋棄程度高＋迴避親密程度低＝痴迷型
焦慮被拋棄程度低＋迴避親密程度高＝疏離型
焦慮被拋棄程度高＋迴避親密程度高＝恐懼型

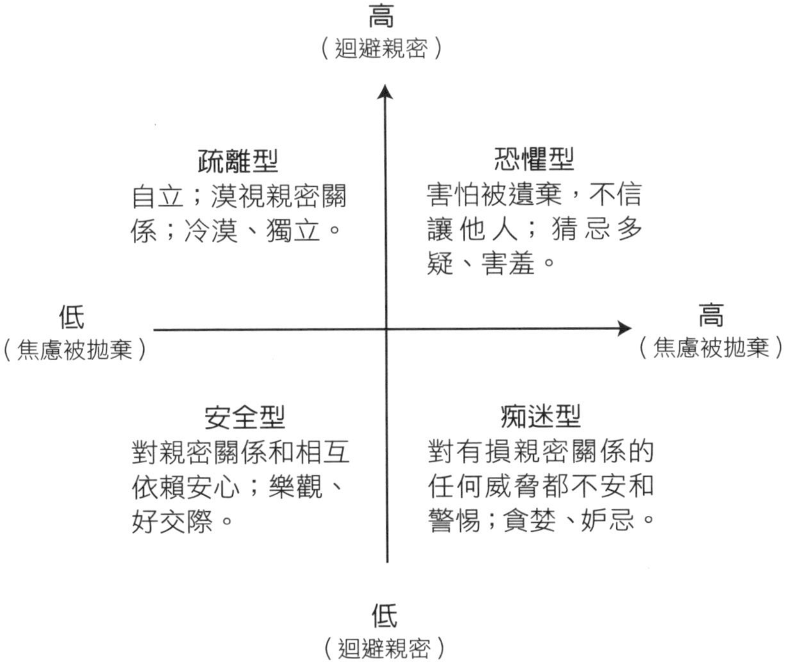

◀愛情依戀量表測驗（www.tip.org.tw/aabti）。

發生聯繫以保護自己不受傷害。

其中，後三種屬於不安全依戀模式。有很多研究驗證了婚戀依戀模式在人口中的分布，與早期嬰兒依戀模式的分布有一致性，這類研究結果也驗證了依戀行為的普遍性和穩定性。**童年的依戀模式會直接影響成年後的依戀關係**。

對於安全型依戀的個體而言，在嬰兒時期，他們對外界作出的一系列反應，父母都會給予回應，內心需要能夠得到滿足。在父母離開時，他們會傷心，但是相信父母是不會拋棄他們的，是會回來的。

這類依戀模式的嬰兒在長大後，對待戀情時，不會疑神疑鬼，他們十分信任自己的戀人，會在一段關係中感到有安全感，不擔心也不怕另一半會拋棄他們。對於戀人之間做出的親密動作，如擁抱、親吻等，他們不會抗拒。**安全型依戀人格**是四種人格中最適合經營戀人關係的，擁有此類人格**的人在戀愛時，會營造最理想的親密關係狀態**。

對於痴迷型依戀的個體而言，在嬰兒時期，他們害怕父母會隨時拋棄他們，當媽媽離開時，他們極度恐懼和害怕；當媽媽回來時，他們會表現得很開心，但同時又會發洩憤怒來懲罰父母的離開。

痴迷型依戀的人在開始一段戀情時，會快速和另一半進入狀態，但容易患得患失，沒有安全感，腦海裡總會冒出一個想法：「他最近對我很冷漠，是不是不愛我了？是不是愛上別人了？」就像有些情侶，因為另一半沒有及時回訊息，他們可以瘋狂到一個晚上打幾十通電話過去。他們以愛的名義，牢牢占據另一半的大部分時間，壓得對方喘不過氣來，不給對方留一點隱私空間，兩人之間一點信任都沒有，他們以為只有這樣，另一半才不會離開他們，他們害怕那種被拋棄的感覺。**痴迷型依戀的女性比男性多**。

疏離型依戀也被稱為迴避型依戀，對於這類人而言，他們在嬰兒時期沒有得到父母關愛的滿足，父母對他們自我訴求的回應也是忽冷忽熱，反覆無常。久而久之，嬰兒就把情感需求壓抑在內心，不向父母表達，對於父母的離開和返回，其反應都是冷漠的。

疏離型依戀的人性格獨立，有清晰的自我認知，不依賴他人，拒絕和他人

靠近，討厭親密關係。和他們談戀愛，你會感覺和沒談戀愛時沒有區別，他們在一段感情中表現出的行為和態度是很平淡的，甚至是很冷漠的。

疏離型人格不是不需要被愛，相反的，他們內心非常渴望被關心和疼愛，只是被自己掩藏了起來，他們常常告訴自己：「不行，我不能在這段關係中陷得太深，我不需要別人愛我，我只要自己愛自己就可以了。」於是，一個名詞出現了——「渣男／女」。疏離型依戀的人，他們可以在結束一段關係後，心安理得的又迅速愛上了別人。通常，**疏離型依戀的男性比女性多**。

對於**恐懼型依戀**的人而言，他們在嬰兒時期內心充滿矛盾，一方面，他們渴望得到父母的愛，當父母離開時，他們會很害怕；另一方面，對於父母表達愛時的親近，他們選擇迴避，拒絕親密。

他們長大後在親密關係中的狀態是：**我很喜歡你，但是當我發現你也喜歡我時，我好像就不那麼喜歡你了，甚至討厭你**。和恐懼型依戀的人交往，是一件很痛苦的事情。上一秒他對你愛得死心塌地，下一秒他就莫名其妙的對你發火，叫你離開。他們面對一段戀情時，常常伴隨著很強的焦慮感，他們害怕另一半離開，但是當另一半試圖親近時，又對另一半表現出極強的排斥反應，冷漠處理，這樣的心理是很矛盾的。

安全型依戀的人適合和另一個安全型依戀的人交往，無論戀愛還是分手，都會風平浪靜；疏離型依戀的人和痴迷型依戀的人往往會相互吸引，但又相互折磨，他們相愛並痛苦著，一個是瘋狂逃避，另一個則是瘋狂追趕；最後，恐懼型依戀的人，一般存在很不健康的心理狀態，如果他和其他三種依戀人格的人交往，那麼結果大都會不太完美。

九類單身模式，你是哪一種

本書想與那些在愛河邊徘徊的人一起探討：

- 是什麼阻止了我們遇到真愛時向前一步的勇氣？

- 是什麼讓愛總在徘徊猶豫中消失在風中？
- 是什麼讓兩個相愛的人始終逃避彼此？
- 是什麼妨礙了我們為愛前行的腳步？
- 明明是一個思維清晰明朗的人，為什麼還會擁有「戀愛腦」？

單身的模式有很多種，我們選擇其中常見的九種與大家共同面對，期待大家可以為愛找到出路。

1. **蔡加尼克式單身**[1]

蔡加尼克式單身屬於理想化投射，他們把對愛情的所有幻想都投射給初戀，他們的初戀滿足了其對美好愛情的所有幻想。他們不時陷入對初戀的美好回憶中，以百分之百的純度來衡量日後的戀愛，走不出初戀的心理幻影，也無法開啟新的生活；或許因為他們在初戀時太過年輕，不懂愛情，愛得太過用力，消耗太多，無以補給，導致情感匱乏無法開啟新的戀情，把自己困在失去的初戀中，並認為那是心中永遠的完美或者永遠的痛。

對他們而言，那種至真、至美，或至傷的純粹感情的失去，使他們對再一次獲得感情這件事沒有足夠的信心。

這類人通常追求完美的愛情，把初戀完美化，而且在失戀後再次美化初戀，他們心中愛著的已經不再是這一真實世界的人，而是經過他們多次加工，活在他們心中的完美戀人。鮮花會枯萎，但活在想像中的愛永遠不會凋零。他們用心中的幻影代替了現實，缺乏與現實的聯結。

蔡加尼克式單身的脫單指南是：走出自我循環論證的迷宮，**打破完美初戀的玻璃濾鏡**，從水中月鏡中花[2]走入現實世界，**先看到真實的世界，與真實的世界聯結，再看到真實的自己，慢慢打開自己的世界**。蔡加尼克式單身的人是

1 又稱蔡格尼克，蔡加尼克式單身源於蔡加尼克效應（Zeigarnik effect），該效應由心理學家布盧瑪・蔡加尼克（Bluma Zeigarnik）提出，是指比起已完成的，人們更在意的是未完成的事。

2 比喻虛幻的美好影像。

一隻活在完美想像中的刺蝟，當他們卸下刺蝟身上的迷幻時，才會被另一隻真實的刺蝟吸引。

他們的人格類型可能是完美型人格，也可能是疏離型人格，也可能是低衝突高認同型人格。他們的依戀模式可能是痴迷型、疏離型或者恐懼型。

2. 迷茫式單身

這類單身往往屬於「自我投射」，他們的模式並不固定也並不相同，「母胎單身」既是狀態也是結果。他們也許並沒有開啟對愛情的積極自我探索，比如，他們不知道自己的獨特吸引力與魅力在哪裡、自己會吸引什麼樣的人。他們茫然、不知所措，在歲月流轉中成為自己。他們也許從未遇見過愛情，也許將愛情擋在了門外，認定沒有愛情就沒有傷害。他們也許從未體驗過愛情的甜美，就悄悄的關上了心門，他們的人格中包含恐懼、焦慮與迷惑，因此他們不願意向前一步與其他人建立親密關係。

他們的依戀模式也許過於安全；他們背後隱藏著自己的安全型依戀人格；

他們也許遇見的人都不對，或許總是被傷害，為避免被傷害，也就避免了愛。他們也可能是迴避型人格，因為害怕受傷而拒絕向前一步。

迷茫式單身的脫單指南是：如果想要走出這個自我封閉的圈層，要做的**第一步**便是先破殼，向前一步，**走出安全舒適區，勇敢接受愛情的風浪洗禮；第二步**便是再探索，**向內覺察「我最想要什麼」來進行愛情清單排序**。最好的生活狀態不過就是：一個人，安靜而豐盛；兩個人，溫暖而踏實。習慣於單身如同習慣於孤獨，迷茫式單身的人是一隻孤勇的刺蝟，可以伸出頭來，勇敢追尋，找到另一隻刺蝟相依相伴。而他們存在於四種依戀模式之中。

3. 錯過式單身

這類單身屬於「懷舊式認同」。「好時光永遠是舊時光，最好的戀人永遠躺在失去的過去中」，**最好的永遠是前任，戀人永遠是舊的好，現任總是差那麼一點點**，而這一點點卻是永遠過不去的坎，他們處於一種自我比較與患得患失中。他們可能是痴迷型人格，也可能是疏離型人格，他們**過度留戀過去而無**

法感受當下的幸福。

他們缺乏的不是愛的能力，而是把握愛的能力，他們在親密關係中往往會因為患得而患失，對握在手中的永遠都不珍惜，而認為錯過的永遠都是最好的，他們的人格特點多為迷戀過去。

錯過式單身的脫單指南是：不再回頭，回頭無岸，向前有路，**只要記得向前走就好！**錯過式單身的人是一隻一直活在舊時光中穿舊衣過新年的刺蝟。他們可以把舊衣扔掉，更換新衣，遇見新人，歡喜就在當下，結伴就在燈火閃亮處。他們往往具有高衝突人格特點，比如，自我內心的衝突、追求完美與自戀的人格特點。

4. 糾結式單身

這類單身屬於「衝突式認同」，他們一直在尋找情感關係中的最優解，以及戀愛中的正確率與準確率，內心的完美主義與尋找生活最優解的狀態，使自己困在其中，卻總是得非所願，患得患失。這類人既留戀富士山深處的櫻雨雪光，又畏懼隨時噴薄而出的熾熱岩漿。

這類個體**本質上缺乏安全感**，**外在看似獨立**，**內心卻對戀人充滿期待**，總期待在戀人身上尋找自己缺失的部分，又看不到自己身上的刺，卻總想從對方身上找到自己遺失的小刺，重組成一隻完美的刺蝟，但在尋找的過程中，卻往往會迷失。

糾結式單身的脫單指南是：先看缺點，再看特點，最後鎖定優點，多聽建議，**快拿主意**，從患得患失中進行得失取捨，最終獲得自己想要的幸福。糾結式單身的人是一隻左顧右盼、拿不定主意的刺蝟，此刻多捫心自問，那份答案自在其中。他們往往屬於恐懼型或痴迷型依戀。

5. 沉浸式單身

這類單身屬於「自我陶醉式認同」，他們喜愛單身與單身生活，既不患得也不患失。從未得到就無所謂失去，內在自我是：得之我幸，不得我命。他們把愛情作為生活中的錦上添花，而非生活必需，這種自在隨性、心不在焉的態度會放逐愛情。

沉浸式單身的脫單指南是：這類個體具有清醒的自我認識，具有獨立人格。對他們來說，愛情是錦上添花，不是生活必需品。他們看起來不缺乏自我認知，只需要**在愛情面前向前一步，並且更加開放包容，愛情之花就會盛開**。

這是一隻自由綻放小刺的刺蝟，期待那隻可以開放包容的刺蝟快快抵達！這類單身的依戀模式是安全型的，只是此刻，他們完全沒有投身於戀愛這件事中！

6. 自戀式單身

這類單身是「自我迷戀式認同」，因為太愛惜自己的羽毛，相較其他人，他們更愛自己，因此他們在愛情中擁有極強的心理優越感與優勢感，在愛情中感覺自己一直在失去，而對方一直在得到。他們總是在想，閃閃發光的自己永遠是那麼優秀，又不缺愛，為什麼始終單身？自戀型人格的人會潛意識的貶低他人，在愛情中，他們也會貶低戀人，讓戀人總在比較中失序。

自戀式單身的脫單指南是：這類個體從不缺乏愛情，而是缺乏在愛情中的付出，他們需要的是從戀人眼睛裡看到世界、看到自己，從戀人的鏡像中映射出自己，**減少自戀，這類人就會成為幸福戀人**。從表面上看，他們似乎表現出極強的安全感，事實上，他們往往屬於痴迷型依戀。

7. 懸置式單身

這類單身屬於「卡頓式認同」，對於懸置式單身者而言，向上尋找與向下相容都很不容易，於是就卡在中間。他們在親密關係中的特點是：**過於清醒或者過於冷靜，往往處於高不成低不就的狀態，友情之上，愛情未滿**，對於愛情他們表現得並無標準，卻處處都充滿著自我要求，這類個體可能表面上屬於自洽型[3]人格，但他們自我戀愛人格的探索並未有實質性的啟動，只是在愛情的

3 自洽，指的是一種舒適感。一個自洽的人，能夠客觀的評價自己，坦然接納自己，不盲從、不隨波逐流，自信且坦誠。面對生活的進退，能保持平穩的心態，始終堅持自己的方向。

邊緣游移，像一隻一直在尋找遺失的另一半的刺蝟，遇到的都不是合適的，合適的在哪裡他們並不知道。

懸置式單身的脫單指南是：對於這類個體，**深入的探索自我，知道自己在愛情中要什麼，從盲目到清晰，從隨緣到隨心，就會遇到真正契合自己的愛情**。他們的依戀模式往往也是看似安全，實則充滿衝突。他們往往屬於恐懼型與痴迷型依戀。

8. 社恐式單身

這類單身屬於「迴避型認同」。村上春樹說：「沒有人喜歡孤獨，只是害怕失望而已。」這類個體的內心其實是最渴望愛情的，只是因為疏離型依戀人格，讓他們始終與愛隔著一層紗。

有「社交恐懼症」的人，在面對社交場合時會感到不適，害怕陷入尷尬境地以及被人評判，他們除了有心理上的緊張不安，還會伴有臉紅、發抖、心跳加速、不敢對視等表現。

因為「社恐」，所以單身。值得關注的是，有時候「社恐」也僅僅是推託之詞，不喜歡才是真話。從認知心理學的角度來看，「社恐人」的心理活動可以被稱為認知加工偏差。社交恐懼症往往與自我認知偏差有關，比如，他們在面對社交人群時，會誇大負面結果出現的可能性，或者對模稜兩可的情況做出消極的解釋。

社恐式單身的脫單指南是：突破單身就是**需要有冒險一試的勇氣，儘管害怕，依然向前**。社恐人的心理加工模式是迴避型。他們把自己的刺緊緊的收攏在一起，從不向前。他們是一隻把刺深深隱藏的刺蝟，當遇到溫柔而堅定的愛時，會慢慢靠近。

請「社恐人」向前一小步，幸福一大步！如何邁出這一步，本書會給出有效的方法！

9. 虛擬式單身

這類單身屬於「偶像投射式認同」，他們把愛情完全投射在自己內心的偶

像身上，並且透過追星獲得幸福感。他們在自己與偶像想像的愛情中沉醉，把偶像想像得完美而且不可替代，十里春風，不及自己心中的偶像好。

虛擬式單身的脫單指南是：這類單身群體，首先**要從痴迷與沉浸式的偶像崇拜，與偶像完美想像中走出來**，通常他們需要完成從偶像那裡獲得認同和情感慰藉，藉此確立自我價值及尋求自我發展。偶像是誰不重要，重要的是自己是誰。當能夠進行自我價值確認時，他們心中偶像的完美光環自然會脫落，自己也會回歸正常的生活。他們身上的刺是隱形的，當他們把自己的小刺真正亮出時，也許就邁出了生活的一大步！

本書並非勸大家趕緊「脫單」，而是嘗試從兩性視角來理解我們當下的狀態，幫助我們更加認識自己，提升愛情品質。愛情不是雪中送炭，而是錦上添花；愛情是藉著愛，成就更好的自己！

第 1 章

沒結果的初戀最令人難忘——蔡加尼克式單身

初戀的影子總是在身邊呼之即至，揮之卻不去。

＊你給了我全世界的陽光，之後我的世界不再陽光燦爛。

＊你把我丟在路上，我已經無法前行。

＊我把滿滿的愛都給了你，從此我失去了愛人的能力。

1 人生若只如初見

初戀未修成正果，一生都會牽掛。初戀的美好在於這個「初」字，初嘗愛情的我們都天真的以為，這段感情會是意料中的一生一世，結果卻往往是戛然而止。讓這段感情止於美好，卻又在之後的日子裡始終念念不忘。

心理學上把這種現象叫做「蔡加尼克效應」：**人對於沒有完成的感情，總是有很深的執念。**

曉傑是一間知名物流公司的經理，一表人才的他性格外向開朗，工作認真負責，身邊的主管、同事對於他的終身大事都非常關心，介紹給他的女孩個個條件優秀，可是曉傑每次都是笑著說：「我還想再為公司多服務幾年，不急著結婚。」但只有曉傑自己知道，他只是對於自己愛情戲碼的未完情節耿耿於懷罷了。

那是曉傑的初戀，一段持續了四年卻無疾而終的感情。他們在大一相識，同樣的興趣愛好讓曉傑與阿香之間的關係越來越親密；大二相戀，每天都希望能夠和對方膩在一起；大三相伴，曉傑與阿香定了同一所目標院校，決定一起考研究所。從酷熱的夏天到寒冷的冬天，那些共同為理想奮鬥的日子過得很有希望。阿香的學習基礎比曉傑扎實，她花了很多時間為曉傑解答疑惑，從未有過怨言。

研究所分數公布的那天，曉傑考上了。但阿香卻落榜了。出身單親家庭的阿香掙扎了很久，最後選擇畢業後回到母親身邊，並向曉傑提出分手。曉傑對於這個結果完全無法接受，美好的愛情敗給了現實，雖然他積極想挽回，但阿香並沒有改變心意，四年的美好終究沒有熬過畢業時的分手。

研究所期間，對曉傑有意的女生不只一個。可是每當他嘗試和其他異性接觸時，與阿香相處的畫面就會不斷的浮現在眼前。曉傑的每一場籃球比賽，阿香都會在場邊為他加油；而阿香每一次在學校上晚自習，走出教學樓都會看到曉傑等待的身影。每一次的爭吵都會以一個緊緊的擁抱化解……在校園，彷彿哪裡都是阿香的影子，但是人卻已經被自己弄丟了。

畢業後的曉傑開始投身於工作，他獲得同事的稱讚、主管的賞識，但稱讚的人裡唯獨少了他最想分享喜悅的阿香，如果大學時沒有阿香的鼓勵和幫助，怎麼可能有現在的自己？都過去四年了，自己為什麼還是沒有忘記，習慣真的這麼難改變嗎？

逛街時路過甜點店，就會想去問店員有沒有她最喜歡的草莓蛋糕；不論換了多少個錢包，裡面永遠放著兩人紀念日拍的合照；今年的初雪來得很早，可是再也見不到那個驚喜到活蹦亂跳的她了；她的身邊是不是已經有了新的他？畢竟像她這麼優秀的女生，應該有很多人喜歡吧……。

後來，曉傑從朋友的口中知道，阿香在老家已經結婚生子了，阿香已經昂首闊步繼續自己的人生，而自己，卻還沉浸在過去。也許對曉傑而言，忘不了初戀，其實不是忘不了阿香，而是忘不了那個年少的自己，那種朦朧的感覺和那段美好的時光。

愛而不得的遺憾，讓人印象深刻

每個人的心底大都住著這麼一個人，這個人可能隨著時間的推移，慢慢被我們忘記容貌、忘記兩人相處的細節，但是那種小鹿亂撞的內心、那種對視後的躲閃、那種欲言又止的吞吐，卻總是會讓不斷成長的我們去回味、懷念。為了這一段初戀，我們付出全部的愛、全部的懵懂，毫無保留，轟轟烈烈。在愛情過去後，為什麼人們總是懷念著曾經的初戀呢？我們可以從本章主人公曉傑身上窺知一二。

人們往往習慣了圓滿，所以「遺憾」才讓人印象深刻。蔡加尼克式單身，其實類似於很多人青睞的「BE美學」[1]（對悲劇的愛好），文學作品和影視作品的男女主人公，因為各種原因沒有迎來大團圓結局，留下了一個個難以釋懷的遺憾，人永遠需要證明愛情可以永恆。

在這個故事裡，曉傑和阿香，在最美好的年華相遇，擁有著最刻骨銘心的愛情。在青春懵懂時，同樣的興趣愛好、同樣的奮鬥目標，校園生活朝朝暮暮的陪伴，過去的時光已經深深鐫刻了兩個人的名字。

那些青春時期的少男少女，總是拚了命的對戀人好，人到中年後回顧看似幼稚卻再也回不去的純真承載了多少人的懷念，忘不掉的可能並不是那個人，而是當時的自己，當時為了美好年華而奮鬥的自己。

比「我不愛你」更讓人遺憾的是「我無法繼續愛你」。在部分人「分手即仇人」的大環境下，曉傑與阿香，不是因不愛而分手的分手，總是帶了些遺憾的色彩。在曉傑事業有成、同事關係融洽、多人青睞時，內心的這個遺憾再次浮現出來。「如果曾經有你，那麼再沒有他人」。阿香在曉傑心中就像一個標

1 Bad Ending 的簡寫，意思為壞的結局。

桿，作為衡量之後戀愛的參照物，每當他嘗試和其他異性接觸時，總會又想起阿香，可以說因為這段「遺憾美」造就了阿香的「完美」。

對於蔡加尼克式單身群體來說，需要釐清的是，愛、喜歡和在一起，並不是因果關係，而是三件不一樣的事情。在人們的感情世界裡，不如意之事十之八九，美好的結局少之又少，愛而不得才是感情世界中的常態，你也許做不到相忘在歲月，卻可以做到相望於心裡，守望在彼此生命的成長中。**躺在記憶裡的初戀，不需要刻意忘記，但絕不應該是阻礙你追求幸福的絆腳石。**我們期待每一個你，都能找到最好的愛情，也許，就在下個路口見。

愛在當下，不在過去

在無數個日夜中，腦海裡或許總會出現一個無法忘懷的身影，這身影背後是一段熾熱的感情、一次次雨中撐傘的等候、一幕幕甜蜜笑容的相視，也是一場說了再見的青春。然而，忘不掉的到底是那個身影，還是鐫刻時間的青春一場？在阿香編織的愛情童話中行走經年的曉傑，或許給出了自己的答案。

年輕時的愛情意味著奮不顧身，在所有的現實因素沒有到來之前，曉傑認為兩人一生都不會分離。在這個生活給彼此的愛情歲月編織的美好夢境裡，一切都顯得未來可期。然而，時間終究會告訴彼此，生活不僅只有相戀時的「落日餘暉同相伴」，也會有「畢業離別說再見」。並不是生活欺騙了彼此，只是生活的甜美選擇，早一點出現在大家都無憂無慮的夏天裡，而現實的苦澀終究不會缺席，無論是畢業後的各奔前程，還是其中一人說再見，都是初戀這個劇本裡正常存在的劇情走向。

成長總不會是一帆風順的，而找到自己的「愛情癥結」也不會是輕而易舉的，曉傑的年復一年又日復一日的思念和無法釋懷，誠然是有著對阿香深沉的愛，但同樣是對自己過往歲月之夢沒有成真的難以和解。在一次次搪塞新感情時，都是過往的回憶在作祟，這些回憶是執念，是對沒有和最初的那個她修成正果的執念，是對自己僅有一次的青春歲月留有遺憾的執念。

就像小時候心心念念的那個小背包，可能費盡心思和爸爸媽媽來回周旋，最終才能得到，然而一段時間後才發現，記憶裡早已經沒有了那個小背包的位置，有的只是苦苦求而不得的深深遺憾。阿香就像是曉傑深深惦念的那個小背包，曉傑本已經做好了與她陪伴一生的心理準備，卻最終沒能夠得償所願。這個小背包上的一切裝飾品，都成了曉傑回憶過去的契機。

愛情可以是「有你的夜，月色很美」，也可以是「未來的晚飯都想和你一起吃」，但也可能是「夢醒時分不見你」，一切終究還是要回歸現實，愛情的終點是親情，是美好甜蜜消失、淡去之後的相敬如賓和依舊相伴。愛在當下，並不在過去。

2 念念不忘，無法再愛一次

初戀是生命中不能夠輕描淡寫、一筆略過的章節。它就像是心底開出的花，但有些人卻總想讓這朵花結出果實。蔡加尼克式單身群體就是這部分對初戀念念不忘，無法再投入新的感情。

・被初戀的愛一直感動著

其實蔡加尼克式單身群體之所以對初戀難以忘懷，有人是以為自己依然深愛著對方，有人是懷念那個曾經敢愛敢恨、懵懂青澀的自己，懷念那段純真美好的青春歲月。

從心理學上來講，初戀自帶「第一次光環」，是他們第一次為了愛情而付出，儘管當時不懂愛，卻愛得最用心。不用權衡利弊，不用思考結果。

或許行為莽撞、衝動，但都是他們發自內心的表現。蔡加尼克式單身群體可能認為自己再也找不到那種用心的感覺、找不到值得自己全力以赴的人、找不回曾經拚盡全力的自己。於是對於戀愛便會少了那份熱情與衝勁，所以索性拒絕和初戀以外的任何異性有更進一步的接觸。

・沒有結果本身就是一種結果

在現實生活中，初戀往往沒有圓滿的結局，而這恰恰也是初戀最吸引人的地方。沒有結局，就意味著也許會有無數種結局。初戀就像藝術創作中慣用的「留白」手法，對於蔡加尼克式單身群體而言，初戀的未知結局吸引他們進入無限遐想。

他們內心的慣用句式是：「如果……」每次與新的異性接觸，他們便會將對方帶入自己初戀男友（女友）的角色，想像著這件事情如果是自己與初戀男友（女友）在做，將是怎樣的情景。這份對未知的迷戀，令他們無法專心與其他異性相處，初戀的影子總是在自己身邊呼之即至，揮之卻不去。

• 深情等待是否只是「人設」

戀愛中的人很容易陷入深深的自我感動中，有時候做的某些事並沒有達到取悅對方的目的，卻深深的感動了自己。對於蔡加尼克式單身群體來說，初戀結束了，但「自我感動」才剛剛開始，並打算一直沉浸。

這種自我感動表現在：明明對方已經不愛了，卻還是為了挽回這段戀情，在大庭廣眾之下來一場尷尬的告白；即使知道兩個人無論如何也不可能在一起了，卻還是要在原地等待，立下自己非他不可的深情「人設」。你以為感動天地的痴情，到頭來只感動了自己，也阻斷了自己更多的選擇。所謂愛情，要大膽放手，大步向前。

3 完美愛情需要激情與承諾

初戀在人生中具有獨特而且不可替代的位置，初戀戀人幾乎滿足了我們對異性的所有美好的幻想。一段求而不得或者得而復失的感情，往往會影響一個人的擇偶觀，甚至長長的人生。作為愛情的造夢工廠，有的人在夢工廠中遲遲不肯醒來，將初戀情人幻化為完美愛人。

心理學家羅伯特·史坦伯格（Robert Jeffrey Sternberg）的愛情三角形理論認為，**完美愛情需要有激情**、**親密與承諾**，而初戀往往只有親密，甚至激情都是想像的，只有無憂無慮的兩情相悅，屬於神仙般的愛情體驗，也正是因為缺乏消磨愛情的日常生活細碎，再經過時間的過濾，留下的都是美好。使得個中人更加確切的認為：他才是我此生的唯一。

愛情美好地圖中的比較，特別是那個因為現實因素而錯過的人，在愛情地圖中會被進一步優化與美化，特別是透過自己的內心修圖後，那些瑕疵都會被隱去，全部成了美好。

這種愛的啟蒙會令我們身心愉悅，而現實的愛情卻往往敗給了生活的煩瑣，而且在真實的赤誠相對後，我們面對的不僅是心中想念的人，而是有血、有肉、有個性、有脾氣的人。**現實生活往往是美好初戀的粉碎機**。

理解了初戀的蔡加尼克效應後，我們就會知道，其實我們一直活在自己想像出來的完美戀情中，遲遲不肯雙向奔赴[2]下一段情感的原因，是我們**不想離開愛情幻想與愛情幻影**。初戀只是愛的啟蒙，而下一段雙向奔赴的戀愛才是人間扎實的感情。初戀只是愛情春夢一場，而現實的愛戀才是愛情實踐場。

我們陷入自我陶醉、自我想像、自我感動中，我們捨不得的已經不是那個

2 形容愛情中的兩人互相愛慕，互相努力靠近。

人，而是我們青春純真的樣子與美好的時光；我們難以捨棄的是，那個心中滿滿的裝著戀人的歲月，以及我們拚盡全力愛人的那種感覺，這種感覺會有沉醉與迷醉感，以至於我們會認為那個錯過的人就是一生最終的等待。

初戀的美好恰恰在於想像，而初戀的遺憾往往在於雖情投意合，卻未志同道合。

4 告別過往，成為更好的自己

我們之所以困在原地，往往是因為沒有向前；我們懷念初戀，往往是因為在感情中缺乏自我成長。沉溺想像完美的秦晉之好[3]，永遠結不出現實的連理。擔心面對現實的挫敗，甚至為此尋找替代品，只因我們不願意在初戀構築的長夢中醒來。初戀只是唯美或者煽情的文藝片，而長大後的愛情才是生活的紀錄片。

3 指兩姓聯姻的關係。

初戀完美化帶來的月暈效應（halo effect）[4]填充了內心。蔡加尼克式單身群體的心裡沒有了他人的位置，不給別人機會，也不給自己機會，活在困局中，有時候他們不願意開啟新的戀情未必是因為初戀，而是因為他們自己還止步於少年愛情的天空中。

放下才能活在當下

脫單先脫初戀的幻象，探索自我內心的需求，一個人需要面對長大的事實，在現實的世界裡，可以酣暢淋漓的去愛，而不要在自己的內心世界裡去想。的確，愛一個人需要勇氣，但更需要與過往的自己勇敢告別。

如果你依然尋找與初戀同樣氣質的人，或者截然相反的人，恰恰說明你依然沉浸在初戀製造的氤氳氛圍中沒有出來，這個走出困局的過程需要時間，需要面對自己的勇氣，還需要內心的成長、朋友的助力。

先不要拒絕與異性開始的機會，慢慢的相處，淺淺的愛，再滿滿的信任，時間也許是最好的答案。特別是蔡加尼克式單身的女性，她們往往會把單身作為對初戀戀人的潛在懲罰，希望能以此增加對方的內疚。其實初戀這場風花雪月的青春故事，就是人生成長的一段重要插曲，擁有向前一步的勇氣，與成長包容的心，帶著最初的愛上路，遇見更好的自己，才是正解。

蔡加尼克式單身群體突圍方法：

‧在愛中學習，在愛中成長

在青春的歲月裡，經歷過一場刻骨銘心的戀愛，體會過愛與被愛，無論如何都是非常幸運的。這將是一個人成長的營養，而不能成為桎梏，若初戀是傷痛，歲月的成長會成為療傷的力量，而困在原處單曲循環是拒絕成長的表現。

4 又稱暈輪效應，指我們會依照最初、局部的印象，擴散得出對方整體的印象。指人們對人的認知和判斷往往只從局部出發，擴散而得出整體印象。

‧學習與過去告別，帶著愛的勇氣向前

一段未圓滿的初戀於人生就是一場未完成的愛情作業。這個無法補交的作業會壓在心底、存在夢中。我們需要做的是與過去告別，可以**安排一個告別活動**，這當然不是現實的告別，而是**在心裡與過去說再見**，與此同時，將記憶中的蜘蛛網清理出來，**找出那些曾經讓你痛苦的事情，時刻警醒著自己不要重蹈覆轍**。好好說再見，說好不再見。新生活滔滔奔湧而來，舊相思便會日漸模糊，重要的是邁出第一步。

‧與更好的自己相遇，與更好的感情相逢

一個人在感情上的成長，必然是其經歷過多段感情，戀愛是感情的學習場域，在兩人相處的細水長流的日子裡，我們才會對彼此有所了解，擁有更多的理解與包容。前提是我們是活在當下、心靈開放的人，在感情上更加理性與成熟，才會增加自己的心理接納度，當自己的認知能力提升了，我們會發現更適合自己的人就在前方。

最適合你的他是誰？

那個極具真實感的他，
有著清晰而有彈性的人格，
帶你一起走進踏實的日子，
將理想照進現實，
讓愛情的光芒閃耀在平凡的生活裡。

＊＊＊

帶著心中對愛的堅定信念，
心中有愛的榜樣，
現實有愛的奔赴。
也許，勇敢的向前一步，
你會在轉角處遇見真愛。

影視劇推薦——《緣起不滅》

《緣起不滅》是由郭在容執導，孫藝珍、曹承佑、趙寅成等主演的韓國愛情電影，於二〇〇三年一月在韓國上映。

尹梓希無意間找到母親留下的日記，讓時空錯落交織，情節鋪展綿延，這一代遇見、背離、錯過；下一代相遇、相知、牽手。青春裡懵懂的少男少女用最熾熱的感情擁抱愛、用最「笨拙」的語言表達愛、用最漫長的歲月追憶愛。

一九六八年一個夏日的午後，俊河到居住在鄉下的伯父家過暑假。當青春靚麗的珠喜坐著牛車從鄉下的小河邊經過時，這個陽光質樸的大男孩被眼前的少女深深吸引，殊不知這「一眼萬年」的初戀，讓俊河用了一輩子的時間去安放與消化。

珠喜是富家千金，家教甚嚴的她對鄉村生活非常嚮往，珠喜主動約俊河去河對面的鬼屋探險，兩個人開心的被假鬼嚇得放肆大叫，在瓜棚裡不顧形象的啃著西瓜，在夜晚享受著漫天的螢火蟲帶來的極致浪漫，此時的珠喜終於擺脫了規矩的管束，俊河也忘記了自己與她懸殊的身分差距，珠喜在他眼前只是他心儀的平凡女子罷了。俊河美好的暑假隨著珠喜淋雨重病被迫送回城裡結束，只有臨走前留下的項鍊成了他最後的想念。

暑假過後，俊河發現原來好朋友泰秀找自己代寫情書、要送的女孩正是珠喜，他們看起來更加門當戶對，俊河沒有透露兩個人暑假的那場相遇，他把每一次代寫情書這件事，都當是自己對珠喜的情感流露。在珠喜的鋼琴演奏會上、在舞蹈課上，久別重逢的兩個人眼裡都是愛意，但好景不長，珠喜明白自己的愛情只有被安排的命運，分分合合的兩個人最終決定放手一搏。

同時，從開始就知道俊河與珠喜兩個人感情的泰秀，向父親吐露了想放手成全他們的想法，在皮帶鞭笞的暴打下，泰秀選擇以上吊自殺的方式進行自我反抗，決定為愛情犧牲，好在俊河及時發現，泰秀脫離了危險。

病房裡的珠喜和泰秀非常自責，他們為愛情付出的代價實在太大了。俊河最後透過參軍的方式選擇了退出，期間他為了找回珠喜的項鍊、挽救戰友的生命，被一枚炸彈炸到，眼睛失明。戰爭結束後，俊河退伍歸來與珠喜見面時，卻告訴她自己已經結婚，等待多年的珠喜難以接受這樣的結果。但其實，這一切只是俊河讓珠喜放棄自己的謊言罷了。

為了不讓她發現自己失明的事實，俊河在見面的前一天晚上反覆練習，卻最終也沒能瞞得過她。之後，珠喜嫁給了泰秀。不久，俊河病逝，他的戰友帶著俊河的骨灰找到了珠喜，俊河希望將自己的骨灰撒在當年和珠喜相識的那條河中。還留給珠喜一盒書信。裡面全是俊河寫給珠喜的情書。

年少的我們曾以為，只要相愛，就能攜手到永遠。但如今天各一方的我們，只盼望你能被溫柔以待。

▲《緣起不滅》20 週年 4K 修復紀念版預告片。

第 2 章

偶爾羨慕愛情，常常慶幸自由——迷茫式單身

面對感情問題或追求者時，會手足無措，不知該如何應對。

＊屬於我的愛情號碼牌，何時會到來？

＊牽在手中的「愛情風箏」，向何處飛？

＊我的愛情鳥不知落在哪裡？

＊擁抱自己比擁抱愛情更容易。

1 不知不覺的成為單身

娜從小就是家長口中的「別人家的孩子」，安靜聽話愛讀書，上大學也是順風順水。同住舍友們一個個開啟了戀愛模式，但自己依然按兵不動，雖然也有男生向她示好，但她對此雲淡風輕，既未起心動念更無任何回饋，漸漸的大學男生背地裡稱娜為「冰山美人」，就這樣波瀾不驚的讀完了大學，帶著優秀的學業成績外加戀愛零經驗，娜直接進入了職場。

舍友認為娜單身的原因是高冷，娜直呼冤枉，哪裡是什麼高冷，她只是覺得自己好像對愛情的感覺一無所知，即使單獨與異性一起出去玩，也沒有那種怦然心動的感覺。娜自我調侃對於愛情根本沒有啟蒙：「偶爾羨慕愛情，常常慶幸自由。」

娜的人生路幾乎就是教科書式的滿分，工作簽約很順利，既是心儀的公司，也是喜歡的行業與城市，她在工作中又常受到主管與同事的讚賞。

同事評價她性格「百搭」，與她相處舒服，可是屬於娜的桃花運似乎一直沒有到來，用同事的話說就是：「錯過了戀愛的最佳時間，一轉眼到了合適的年紀。」可是那個合適的人並沒有出現在生活中。

娜每天工作後就是公司與住處兩邊跑，使她的交際面更受限，她心裡也是波瀾不驚，感覺自己順其自然就過成了單身，而且更奇妙的是一個人單身太久，就會把自己活成理想中的樣子。越單身越容易對旁人視而不見，自己有房、有車、有事業。所遇到的人，都會覺得對方不是自己想像中伴侶的模樣，所以娜既不想進入扶貧式愛情，卻也沒有理想佳偶出現，她越來越習慣平靜的接受單身這種感覺。但是只有娜知道：這種平靜並不是對單身的沉浸，而是對愛情一無所知，又害怕向前一步的無可奈何。

就在前段時間，同部門的張姊介紹曉給娜，娜推拖不掉答應見面。曉對娜的條件感到滿意並主動聯繫，家人、同事都說曉是一個非常優質的對象，家境好、工作好，樣貌也與娜相配，可以相處一段時間增進了解。

但娜在面對曉時卻猶豫了，曉確實很好，可娜就是找不到愛的感覺，感覺只是適合，娜不確定他是不是自己喜歡的類型，也因為沒有談過戀愛，娜不知道感情中會面臨什麼問題，更不知道如果談戀愛了該如何與曉相處。這種對愛情的不確定性讓娜不敢輕易的答應曉，懼怕邁入一段感情中，哪怕只是嘗試。

大學畢業十年，同學們再聚首時，宿舍的七個姊妹相繼成家，有了自己的孩子，甚至有的已經離婚，娜依然孑然一身，免不了被大家關心，娜自己也不知道如何回答，是自己太理智、太清醒，也太聰明嗎？是自己真的不需要另外一半嗎？是自己太過隨心了嗎……這些解釋似乎都不太準確，但就是這樣迷茫著過成了單身。

我們每一個人終其一生都走在尋找自我的路上。

學生時代，我們在尋找那個更好的未來的自己，這一階段的我們也在無形中篩選了志同道合的朋友和理想的他。

成人時代，未來已至，隨著自我條件的豐富，我們又突然陷入了迷茫，那個他真的是自己想要的那個人嗎？我又是更好的「我」嗎？

在這個故事裡，主人公娜，家長口中的「別人家孩子」的代表，學業有成、工作順心、性格溫和，如果缺少一份愛情算是一種缺點的話，那麼她唯一的遺憾就只有「戀愛小白」了。

對於迷茫式單身群體而言，有時候是因為對自己還不夠了解，「我足夠優秀」的外在下，內心到底有著什麼樣的想法？是真的不知自己的意向類型，還是總覺得前面會有更加適合的人？沒有人規定二十多歲就一定要結婚生子，也沒有人說不結婚的人生是不完美的，但是遇到一份真愛，是一件讓人生更加幸福的事情，要相信真愛在路上。

迷茫了就**做好當下的事情**，從生活中好好吃飯、好好睡覺、好好鍛鍊，在工作上積極向上、充滿熱情、化被動為主動，誰說愛情都是等來的？主動爭取，踏出和異性交往的第一步，多接觸才能找到心之所向。

此外，活在當下。所以不要害怕未來前方沒有更好的或是沒有合適的，只要現在肯踏出這一步，真實的感受自己內心究竟想要的是什麼，然後去爭取，走好當下的路就夠了。無論單身還是非單身，迷茫還是失去方向，最終這個與自己和解的過程需要靠自己去解題、破題，而非他人。**一萬次的想法抵不過一次的行動**。想得再多，不如行動起來。

不知所向的愛情風向球

如果給單身的自己找個藉口，你會選擇什麼樣的理由？匆匆青春，或許在最美好的年紀遇到了愛卻無結果、或許在追求完美的路上水中撈月，又或是在適合一個人生活的空間裡怡然自得，然而總有那麼一個群體，連尋尋覓覓的衝動也沒有，最終在迷茫中冷冷清清，卻也只能感嘆：「到底是哪出了問題？」迷茫式單身群體的世界，真叫人想一觀風景卻不知門在何處。

「偶爾羨慕愛情，常常慶幸自由」的娜，或許在最美好的時間裡，從未有過對愛情的渴望，內心的愛情風向儀也從未因某位男士而被拂動，沉浸於安靜的世界裡讀書、做著自己的事情卻也同時和外界隔離，沒喝過愛情咖啡館裡的任何一款咖啡，又怎麼能知道自己到底在期待什麼樣的獨特咖啡香？

偶然駐足的男士或許也曾為娜的獨一無二而心動，鼓起勇氣為愛衝鋒的他也不得不在娜的「迷茫而不知何解」中退卻，在別人眼中「可望而不可即」的娜們，其實內心是在為自己的不知所往而困惑。人們常說，人總是會因為未知而恐懼，而「迷茫式單身」的娜們，儘管知道愛情會帶來一些甜蜜，卻會在躊躇間錯失一次次愛情的機遇。

「別人家的孩子」並不意味著各方面都不需要人操心，在學習中順風順水也不代表著生活中也能一帆風順，因工作而帶來的種種成就感，同樣也會讓「迷茫的娜們」越來越覺得獨自一人好像也挺好的，在愛情的軌道上好像越來越偏離航線，生活會告訴她，終究是妳錯失了「最佳拍檔」。

就像走入一座迷宮一樣，有的人在不斷鼓起勇氣嘗試後找到出口，而有的人因為欣賞迷宮中的精彩壁畫，反倒享受其中，永遠沉淪，因而有的人走了出來，而有的人原地停留，無法自拔。或許當她回過神來時也會覺得，自己真的需要走出去見識另外一番風景，可時間並不會因為她而停留，她終究還是一個人扛下了所有，愛情的苦都沒機會嘗到，更別提體驗一輩子愛情的甜了。在這懵懂之間，或許也讓某一位值得奔赴的「他」因此與之擦肩而過。

有一種平靜，叫死水微瀾[1]。在她的愛情湖面上，與另一個人相遇就像是往湖中心扔了一顆石子，盪起的微波向四周蔓延，僅此而已。或許該讓這片湖中多一些色彩、多一些生命，有風時有蘆葦起舞，偶爾也有魚兒躍出湖面，讓自己有對生命張力的期待，準備好在「他」造訪時款待。

1 比喻死氣沉沉、停滯不前的沉悶局面泛起微微漣漪。

2 缺乏愛情啟蒙，逃避與異性相處

迷茫式單身群體不清楚自己想要什麼類型的伴侶，也不知道怎樣與異性建立聯繫，在面對與異性拉近關係、經營感情等問題時，更是顯得手足無措。

・愛情風箏空中飄

迷茫是源於目標感的不清晰、不確定，不只工作和生活需要目標，感情中也同樣需要目標，我們應當把愛情和婚姻當作一項事業去投入，而不是靜待緣分。首先要認真思考你自己的個性，給你心中的愛人畫一幅心理畫像，當然在遇到一個人之後，在日漸了解的相處中，你原來所畫的心中愛人的畫像也會有所調整。隨著閱歷的豐富與人生經驗的積累，我們會更加理性的看待了解度、相處舒適度、包容度、接納度及最不能容忍事情的協同度，這些會直接影響親密關係的走向與品質，但前提是你需要向前一步，學業上的優等生未必是戀愛中的優等生。

‧漏修的戀愛必修課

迷茫式單身多是受自己的家庭以及成長環境的影響。一些長輩心中的「好孩子」往往會因為嚴謹的家教，在青少年階段，很少或是絕不與異性接觸，生活中的大小事也習慣於聽從家裡的安排。他們遵照什麼年齡做什麼事情的原則，戀愛似乎是計畫之外的事情。上學時就一門心思都在學習上，畢業後又緊鑼密鼓的投入工作中。就好像青春期時漏掉了一門戀愛課程，他們對戀愛中的男女相處、戀愛技巧一無所知。情感實踐課因為缺乏實際經驗，往往只依據想像。從小的生活方式以及生活環境導致他們缺席了戀愛實戰，才會在找另一半時顯得十分迷茫，不知所措。

‧未被充分啟蒙的異性社交

迷茫式單身群體可能在正常的生活和工作中都能擁有良好的社交，與人相處氛圍融洽，但與異性交往時，就會採取不主動、不積極的態度。他們在朋友面前溫和可親，而面對交往對象時卻不知所措。他們不是故意持兩副面孔待人的，而是因為缺乏愛情啟蒙的他們，不懂得如何與異性相處，建立親密關係。

與異性相處時會伴隨手足無措、焦慮等表現。這導致他們不會主動，甚至逃避與異性社交，每次有異性參與的社交活動，他們會選擇坐在角落玩手機，或是故意避開與異性的眼神交流，不向他人發出任何交流信號。他們每天在公司和家之間來回跑，擁有簡單的社交範圍，也沒有去新環境結識異性的欲望。但戀愛關係一定是建立在積極主動的溝通基礎上的，畢竟很少有「人在家中坐，戀愛找上門」的好事。

3 談戀愛就像照鏡子

心理學大師埃里希．佛洛姆（Erich Fromm）認為：「愛主要不是和一個特定的人建立關係，而是一種態度、性格的取向，這種態度或取向決定了一個人與世界作為一個整體的聯繫性，而不是指向某個愛的『對象』。」心理治療思想家歐文．亞隆（Irvin D. Yalom）也談道：「要完全與另一個人發生關聯，人必須先跟自己發生關聯。」

單身是結果，而迷茫的狀態背後的心理結構，是與自我的關聯與探索。有的人，對自己的學習與職業的自我探索較為深入，對情感與情緒的自我探索較為遲緩，而與自我深層的聯結僅靠自我反思與自我探索是不夠的，情感的自我探索之路無法完全透過自我實現，必須透過與人聯結實現，**戀人是我們的一面鏡子，透過這面鏡子，我們能夠看到自己未被開發的優點**，當然在親密關係中還能照出我們內心的期待，這面鏡子的自我只有透過戀人，及其自我覺察才能獲得。

- **自我閉合型個體在潛意識中對戀愛是拒斥[2]的**，這往往是他們早期從原生家庭中，不美滿的父母關係中習得的，他們習慣性的認為：愛情不是真實存在的，而婚姻帶來的體驗不是幸福，往往是痛苦，因此他們會自動隔離自己的情感需求，這在日常交往中並無體現，但他們的內心卻很難開放，抗拒另一個人走近。

- **自我彌散型的個體對戀愛在意識層面是不清楚自己想要什麼**，在潛意識層面缺乏對自我的認同與認可。正因為如此，他們在戀愛這件事情上表現出心不在焉而非心有所繫，他們在戀愛態度上的隨性與隨緣，往往使他們與真實的愛情擦肩而過。

• **自我混亂型的個體較少認真的自我審視與自我覺察**，他們躲在自我設置的隔間裡，不願意與自我認真對話，他們看起來漫不經心，但內心卻隨波逐流，這樣的個體在親密關係中往往缺乏力量感，也沒有投入感。

因此，對於迷茫式單身而言，三步法可以逐漸深入探索自我：

第一步，在開始一段親密關係前，問一下自己：你在恐懼什麼？為什麼不願意向前邁一步？

第二步，在彷徨猶豫之際，感受一下自己身體的感覺，當面對談戀愛這件事情時，你的身體反應是怎樣？你的情緒狀態是怎樣？你的精神是否放鬆等。

第三步，與你特別親近的朋友分享感受：你對戀愛的心理感受是什麼？

---

2 拒絕並加以斥責。

4 靠天意，但也需要人為

隨著年齡增長，很多單身群體在感情問題上的想法日漸清晰明確，訴求日趨成熟化，這原本應該會讓單身個體朝著理想感情更進一步，但迷茫式單身群體反而依舊逃離不了這種迷茫的狀態，不知道去哪裡認識合適的異性、不知道怎麼和異性相處。

他們會想：「我也想找對象，但是感覺沒有人會喜歡我啊！而且以我現在的情況，從戀愛到結婚，我怎麼去照顧人家啊？」這就致使這類群體在面對感情問題，或是追求者時會手足無措，不知該如何應對。

單身不是最自由而充實的嗎？然而，即便有獨立的空間，能獨自、不被打擾的思考，也能奮鬥，但迷茫式單身群體仍會面臨那種淡淡的孤獨侵上心頭的情況。

他們有時會想，一個人本來就少了另一半的陪伴，生活更是缺少一種真實感，且內心有一些話，既沒有人傾訴，又無法和父母、朋友分享。進退兩難的迷茫，可能是迷茫式單身群體共同的感想。

致使我們迷茫的原因有很多，比如，經歷多了、感情受過挫、事業受阻、陷入困境，回顧一次次不順的經歷，都會讓我們陷入負能量的旋渦。單身越久也許越容易迷茫，就好像相親越多也越迷茫一樣。

見過了形形色色的人，經歷了奇葩繁雜的事，反而容易擾亂自己的心，這樣不斷拖延使得年齡不斷增長，婚戀優勢被削弱，擇偶範圍受限；在婚戀市場上日漸邊緣化，沉浸在婚戀顧慮與各種消極情緒中；婚戀自信與交友積極性受到打擊等種種問題，讓迷茫式單身群體找不到真正的自己，也在不經意間失去擁有美好愛情的機會。

幸福是自己給的，不是別人

那迷茫式單身群體到底要怎麼辦？如果很多別人的建議和書裡的知識，無法直接套在自己身上，那就需要根據自身的情況做出調整，並且不要把目標定得很大。當你發現這些目標都能做到時，你才不會有那種堅持一會兒就想放棄的心態，而且會更容易看清自己的定位和需求。

其次，要享受努力讓自己變得更好的過程，完成每一件小事，而不是每件事情都要做到完美，先讓心理成熟度完整，再追求完美。

迷茫式單身群體突圍方法：

・認識並肯定自我

對於愛情迷茫的實質是對於自我探索的迷茫。妳的理想型是什麼樣子的？每個人對於這個問題都會有不同的答案，那麼妳呢？妳可能會說：「我也不知道。」喜歡幽默帥氣的異性，但又覺得自己配不上對方，而對於追求自己的異性，又常常覺得各種不滿意，自己到底適合什麼樣的人，自己也不知道。這種情況就是陷入了糾結的錯誤思維模式，將矛盾當作生活的常態。

首先了解自己是怎樣的人，認真觀察自我，同類相吸，你自然就會明白適合你的是哪類異性。了解完自己後就要給予自己正向的心理暗示，肯定自己，自己也沒有想像中的那麼差，遇到喜歡的人就跟進吧。

・保持積極的戀愛心態

愛是喜悅，積極的人內心本來就有喜悅，因此也容易從別人身上體會到喜悅。而迷茫期的你總會持有消極的心態，認為這輩子可能都遇不到那個他了。實際上，**容易戀愛的人和不易戀愛的人的最大區別，是心態的積極程度**。保持一顆積極的心，每天帶著愉快的心情生活，將自己代入一種隨時迎接愛情的情景中，此時的你，臉上掛著微笑，不知不覺中就已將幸福的氛圍傳達給周圍的人，這樣的你彷彿一塊巨大的磁鐵，總會吸引到和你頻率相同的他。

•愛情不是等來的

愛情雖有天意，但也需要人為。每個人的人生經歷都不同，你可能因為這樣、那樣的原因，錯過了最佳的戀愛時機，和小時候對於愛情的幻想不同，反倒越活越清醒，失去了對愛情的欲望。

愛情雖然不是人生的必備品，但有了愛情可能會提高你的人生體驗感。既然已經錯過最佳時機，繼續迷茫的等著愛情降臨，不如主動出擊。有時候，不主動尋找愛情也是逃避問題的一種方式。

最適合你的他是誰？

他就像是你的內隱人格一樣，
會與你內心裡的小孩子對話。
他了解你，勝過你自己。
遇到這樣的他，
這樣一個接納你內在自我的人，
會讓你的平凡日子過得鮮花滿園。

＊＊＊

先進行自我探索，
傾聽自己內心的聲音，
知道自己在愛裡最想要什麼，
這樣人生就不再迷茫，
愛情便是現實中的「奇遇」。

影視劇推薦——《剩者為王》

電影《剩者為王》是根據落落的同名小說改編，並由落落擔任編劇和導演的一部都市愛情片。這部電影由舒淇、彭于晏、金士傑等演員主演。影片中，大齡未婚女性盛如曦事業有成，感情空白卻成了家人和朋友不斷提起的話題。

面對事業和愛情的天平、年齡的增加而帶來的「身價」下跌，以及不停的相親與逼婚，她不惜和母親翻臉：「單身會死啊，還是不結婚會被判刑啊？」盛如曦從小就覺得什麼事只要自己夠努力就會實現，考試、就業、購車、買房，順風順水的她唯獨不知道感情的事要如何努力。茫茫人海，又要到哪裡去拚搏，找誰去奮鬥？真愛，你到底是死是活？這是年過三十的她內心常有的獨白。

電影裡的盛如曦，是一直頂著壓力不結婚的職業女性。她始終信奉著愛情和婚姻不是百分百對等的準則，儘管大齡，她仍然孩子氣的渴望那朵叫「真愛」的粉色雲彩。

然而，率真年輕的二十五歲暖男馬賽的出現，對盛如曦的生活開始產生了微妙的影響。馬賽會帶她吃學生時代的路邊攤，會在出差時和她開著肆無忌憚的玩笑，這段「姊弟戀」催生出了十分奇妙的化學反應，如曦終於為了愛情豁了出去，在公司眾目睽睽之下對馬賽大膽的表白。

然而，甜蜜的日子隨著如曦媽媽確診為「老年痴呆症」（失智症）而按下了暫停鍵，之前針鋒相對的母女兩人此時也吵不動，罵不起來了。生病的媽媽每日嘴裡念叨著女兒曾經的種種往事，如曦明白此時的她最大的任務便是結婚生子，讓母親如願，然而現實是有時候你眼光到位了，但是實力卻跟不上；有時候則是你實力跟上了，愛情於你早已不再純粹。更想先打拚事業的如曦和馬賽，因不在同一節奏上就這樣抱憾分開。

如曦有時會覺得自己是個苦悶的人，各式各樣的事讓她心煩意亂，日子並沒有外人看起來光鮮，並且總是習慣於逃避很多事情，不願意去面對，哪裡有暫時的安全，就往哪裡躲。大概一個人撐慣了，她認為只要能夠解決眼前的問題，自己犧牲點什麼就能夠實現，做出損己利人，甚至損己不利人的事也無妨。

無助的她亂了方寸，然後開始病急亂投醫，她把媽媽生病前滿意的相親對象當作自己的救命稻草，不斷的說服自己對方各方面都很優秀，是個理想的結婚人選。然而，就像白醫生所言，在這段感情裡，他無法給如曦電光火石的感覺。到底要不要和這個還不錯的人結婚？到底要不要在愛情上賭一把？到底要不要相信愛和奇蹟？到底要不要繼續……「剩」下去？如曦又再次陷入了迷茫，好在最後她的父親挺身而出，選擇和她共同守護她的愛情準則，就這樣如曦回到了馬賽的身邊。

親愛的夥伴們，不存在該結婚的年齡，只存在該結婚的感情，剩者為王，不畏迷茫，勇敢上！

▲《剩者為王》電影預告片。

第 3 章

最好的總是在錯過中
——錯過式單身

對過去的戀情難以忘懷，對現在的感情無法傾心投入。

*為愛走了 99 步，卻在最後停住了腳步。

*總是錯過了才珍惜。

*最好的總是在錯過中。

*感情交付總是不盡人意。

1 最美好的愛，永遠是前任

三十二歲的易陽似乎進入了一個怪圈[1]，總是和現任處得不好也不壞，當現任成為前任時，不知為何又難以忘懷。他感覺自己被這種狀態困住了。他總是告訴自己，這即將是我的最後一位女朋友，可處著處著，心裡總是不自覺的把現任與過往的幾個前任比較，感情慢慢的就冷了下來。

眼看著身邊與自己年齡相仿的朋友、同事一個接一個的結婚生小孩，邁入人生新的階段，而他在這個三十而立、事業有成的年紀卻連個對象都沒有，說

1 比喻難以擺脫的某種怪現象。

無動於衷絕不是真的，尤其是當看到父母充滿擔憂且小心翼翼的神情時，易陽便覺得非常內疚，或許自己又該開始一段新的戀情了。

易陽的戀愛次數大概兩隻手都數不完，身邊的親戚朋友甚至是易陽自己，好多次都覺得已經到了談論婚嫁的地步，然而自己卻像被下了魔咒一般，總是游移不定或者直接放棄，他的每一段戀情都無法長久。易陽逐漸發現自己似乎「喜舊厭新」。

學生時期的愛情總是那麼美好，易陽和可然也是如此。同樣的興趣愛好讓兩個人之間的關係越來越親密，易陽假期會偷偷打工，只為了給可然買那份她無意間提到喜歡的禮物；而可然也常在備考期間幫易陽在圖書館占好座位備好水，甚至連零食都準備好。可是，青澀懵懂的美好終究躲不掉「畢業分手」的魔咒。愛情擋不住現實的困難，兩人就這樣分開，各奔前程。

畢業後，易陽在當地的一家知名企業做管理，他這股拚命三郎的拚勁，吸引了與他同期入職的曉婷，性情相投的兩人很快就確定了戀愛關係。

起初，兩人加班奮鬥的日子讓易陽覺得很踏實，但是隨著時間的推移，他慢慢發現事業心強的曉婷，總是把工作放在首位，兩個人的關係總是少了些愛情的成分，這使易陽不自覺的懷念與可然在一起時，充滿甜蜜的未知和儀式感滿滿的日子，而與曉婷相處的日子，好像在平淡中可以看見未來，所以易陽果斷的提出了分手。

過了三個月，易陽在參加同鄉會時，偶然認識了小兩居的學妹文馨，她多才多藝，唱跳全能，在學校期間就是樂團裡的風雲人物。更讓易陽沒想到的是，他們竟然是同鄉。在校友與同鄉的身分加持下，兩人開始談了一段甜度爆表的戀愛。

文馨會為易陽創作專屬於他的曲子、會每天為易陽準備午餐、會記得每一個大大小小的紀念日。但這樣的幸福讓易陽逐漸失去了安全感，到哪裡都是焦點的文馨，讓易陽變得敏感多疑，音樂人的自由氣質更讓他覺得自己在愛情中失去了主動權。更令易陽詫異的是，他竟然又開始懷念曉婷的勤奮與踏實，他覺得這可能才是他這個年紀最該尋找的伴侶的樣子。兩個人的感情又這樣「不出意料」的結束了。

易陽也陷入了疑惑，為什麼我總覺得前任比現任好？這種念舊導致自己無法與現任好好談戀愛是一種什麼狀態？總是用「顯微鏡」攫取那些與前任交往時好的記憶片段，卻用「放大鏡」擴大對現任的不滿片段。

最好的愛情活在回憶中

情感上的默契，往往是剛剛好的狀態。故事中的主人公易陽，顯然在他的天空裡，永遠在懷念上一片飄過的雲彩。這就是本章所要分析的錯過式單身。

我們來分析一下為什麼易陽總是會隨著時間的推移，忘不了每一個前任呢？一方面，不得不提的就是失去後才懂得珍惜。易陽和事業心強的曉婷在一起時，懷念可然充滿甜蜜的未知和儀式感，和才華橫溢的文馨在一起時，又懷念曉婷的勤奮與踏實。在這個故事裡，每一個階段的女性都啟蒙了易陽對於愛的認知，讓易陽懷念的，在某種程度上已經不單單是那些女孩本身，更是易陽難以忘卻的時光，以及那段時光裡的自己。

另一方面，情感上不斷增加籌碼，導致「越長大越孤單」。隨著歲月的流淌，人們逐漸習慣於把感情放在天平上進行衡量，適不適合？可不可以？將就不將就？反而讓「愛」排在了後面。易陽和可然的交往是情竇初開的美好，看似幼稚卻再也回不去的純真，承載了對過往自己的思念。易陽和曉婷體驗著細水長流的平淡生活，和文馨則碰撞出浪漫主義的生活格調。而到底哪一個「我」才能滿足易陽對「愛」的需求？恐怕易陽本人都不知道。

對於錯過式單身群體而言，不管那一段感情是不是初戀，只要他們曾經投入真情，此後便難以忘懷。一方面是對自己感情的不將就，透過曾經的「她」找到了曾經的「我」，某種程度上其實是不願意將曾經的那個「我」弄丟；另一方面是主動歸責的內疚，「我當初竟然忽略了這麼好的一個人、這麼一顆愛我的真心。」**回憶往往是因為難以忘記才顯得彌足珍貴**，而不是因為回憶珍貴才難以忘記。

所以親愛的你，即便過去再美好，也要給自己擁抱未來的勇氣。曾經被

「她」溫柔以待，以後的你肯定也值得被更好的對待。每一段感情都有成長與收穫，都有滋養，帶著曾經的愛繼續向前，才是美好生活的真實樣子，先和自己好好相處，把那個「沒有人能及妳」，變成「謝謝妳讓我遇到了更好的人」，因為妳真的值得。

走不出執念，到哪裡都是囚徒

錯過的感情，你總無法釋懷，無法到此為止，總是不明白前面九十九步是愛，最後一步是給自己的尊嚴與和解。你總是患得患失，太在意過去又總是擔心將來，眼前的我再優秀又怎能進入你的世界？

錯過式單身的你，到底給自己設下了多少重關卡？眼前並非無良人，只是你從來沒有真正放下過去。

錯過式單身群體，大抵經歷過一段刻骨銘心的愛情，讓自己困頓於過往，那段愛情讓你感受到無法替代的關心、細緻、在乎，彷彿這世界上除此之外，再無他人！可這或許只是自己給自己的枷鎖。親手為自己戴上的黑白眼鏡，如果自己不主動摘下，又怎能重新看到世界的色彩？就算偶爾將這副眼鏡摘下，又很快被你的「過往」復原，緣分讓彼此相遇，怎奈這份「禮物」被你的「過往」否定。

這單身的囚牢，不僅囚禁了自己，也囚禁了身邊的親密愛人，可不同的是這份獨一無二的執念，或將長久伴隨你左右，讓你一次次錯過眼前人。**一生很長，長到無法讓幾年的記憶，在你的心裡永遠刻骨，可一生也很短，短到不會給你機會，再來一個「幾年」的銘心**。不是這個世界沒有給你饋贈愛情與脫單的機會，而是無法放下過往的你，眼中自動過濾掉或許真的很好的他／她。

易陽的現狀不知道是多少人的縮影，一開始時因父母的擔憂而妥協、因朋友的婚姻而羨慕，卻又在接觸「新人」時因懷念過去而退縮……回憶過去成了易陽的常態，在自己的心中不斷放著與前任共同演繹的老電影，看得沉浸其中而無法自拔，看得對現任的不滿而逐漸淡漠，以至於心中再沒有和「她」踏出最後一步的勇氣。

並非易陽的自身條件不夠好，所以缺少開始新戀情的機會，而是這份懷念過去，讓自己又或是某個「她」不斷退縮。生活裡有多少易陽在囿於過去並擔心將來，就有多少個需要學會與自己和解、與過往告別的靈魂。

開往春天的列車是值得期待的，前方永遠不缺少更美麗的色彩、更溫暖的風、更值得在意的人和生活。和過去說再見，生活會還你嶄新的開始。

2 心裡有個人，忘不掉，也回不去

錯過式單身群體總會對過去的戀情難以忘懷，對現在的感情無法傾心投入，至於原因不外以下三點：

・容易被往事打動

有時，我們可以把單身的人簡單的歸為兩種，一種是心中無人，一直在靜靜的等待著自己的緣分；另一種是雖然身邊沒有人，但是心裡卻一直都住著一個人。錯過式單身群體便是心裡一直住著一個難以忘記的人。他們往往活在過去感情的歡愉中，不能享受當下感情的美好。

錯過式單身群體的心理時鐘總是慢了半拍，分手之痛並不深切，而當進入下一段戀情時，那份不捨才慢慢浮上心頭。感情變得游移漂浮，身體在現在，心卻停泊在過往。

情還是舊的濃，人還是原來的好。他們會在潛意識中重組彼此的交往，將不合拍與分歧自動過濾，沉澱下來的都是相處時點點滴滴的美好。慢慢會成為一種癮，會讓人越來越習慣，而更加沉溺於過去的美好回憶中，對開啟一段新的戀愛之旅總是心懷芥蒂。

．習慣於自我感動

對於錯過式單身群體來說，每一個擦肩而過的前任都會成為他們心中的牽掛，而對每一個眼前的戀人卻又漫不經心。表面上的痴情難忘恰恰是內在的自我衝突，對每一個現任的挑剔與對每一個前任的完美記憶，恰恰使他們活在自己加工出來的情感世界中自我感動、自我陶醉。究其內心，他們往往是不能面對現實與真實。

・不能與過去果斷說「不」

錯過式單身群體之所以沉浸在過去的人和事中無法逃離，往往是因擁抱現實愛的能力的匱乏。生活中這樣的人不在少數，他們難以面對感情上的錯過，總是充滿遺憾。要化解心中的遺憾，最重要的前提是接納當下的自己。顯然，錯過式單身群體不願意承認分手的事實，從源頭上就註定了他們無法走出失戀的陰霾。

印度詩人羅賓德拉納特・泰戈爾（Rabindranath Tagore）曾經說過：「如果你因錯過太陽而流淚，那麼你也將錯過群星。」遺憾就像一個沼澤，越掙扎就會陷得越深。就像錯過式單身群體，他們會為曾經錯過的愛情而一直懊悔，他們越是看重遺憾，越是想要彌補遺憾，就越會陷入痛苦的旋渦。

3 怕被拒絕而選擇主動拒絕

「錯過就是錯過」的最佳注解是，將現實中的錯過成為心裡永遠不錯過的牽絆。他們的愛情圖式[2]是：我不夠好，我註定要錯過真愛。這一核心信念源於成長歷程中沒有被強化的「我足夠好，我值得被愛」，一種害怕被拋棄的恐懼感，會讓這類人長大後很難投入一段酣暢淋漓的感情中，也很難體驗到至真至情的愛。因為患失而患得，每一次得到都成了失去的序曲，因此不自覺的進入「每一位失去的前任都是真愛，而每一個擁我入懷的人都不那麼值得珍惜」的狀態。

錯過式單身群體在親密關係中的典型狀態是：看起來很用心、很上心，內心卻有一個暗自開出的洞，我不值得被愛，我不是你一生可以依靠的港灣。因此，當親密關係進入深層階段，比如談婚論嫁，在現實層面需要更進一步時，他們會選擇逃離。

然後，又進入下一段親密關係中，用現實證實自己是有愛的，自己是值得被愛的。在進入親密關係後，看起來卻又對前任念念不忘，給人一種深情款款的假象。

怕被拒絕而選擇主動拒絕，看起來體面的退出，身體住在當下，靈魂活在過去，談的是當下的戀愛，愛情住在前任那裡。

2 self schemas，指人們對自己的認識，比如覺得自己是個多愁善感的人。

4 活在當下，珍惜而不執著

總在錯過中懊悔的青年男女，有的很難進入下一段親密關係，有的容易進入卻難維持。錯過式單身群體，在一次又一次的錯過中自我迷茫，甚至自我沉醉。他們不是為情所困，而是為自己所困。他們失去的不是戀人，而是好好擁抱現在的感覺。

他們是典型的情感住在過往的一批人，不是因為情深意切，而是因為情感不夠堅定。正是因為錯過式單身群體對自己想要什麼不夠確定，又有一種代入感的回憶，自我陶醉式的沉浸在自己的悲傷世界，把自己投入黑暗，前任便成為生活中的亮光。

錯過式單身群體在日常交往過程中並無太大異樣，依然可以與家人、朋友或同事和睦相處，只是當他們看到某一物、聽到某一句話，在不經意間勾起他們的回憶時，陰鬱情緒會不受控制的表露出來，無形之中讓人感覺到低氣壓，久而久之身邊的人會不自覺的遠離他們。

那麼錯過式單身群體該如何突破社交局限呢？

一、在每一段情感中進行復盤與反思，向內了解自己的性格優勢與人格特點，進行適度的自我反思，給自己一段沉澱的時間。一段情感結束後，不要急於開啟下一段感情，給自己一段空窗期，讓這段時間成為自己成長的窗口期[3]。

二、無論是戀愛還是日常交往，關注自己與異性交往的模式，並且探索自己交往的內在動機，期待從一段感情中獲得認可、支持、成長。

3 指定一段具體時間要求，可以達到或完成某種目的。

三、更加主動的投入人際交往中，比如，團建[4]、歌友會、健身團體等，在群體動力中了解自我的交往模式與偏好，會更加準確的了解卡住自己的點。

錯過式單身群體突圍的方法：

・中斷預約式失戀模式

每一段感情都會經歷戀愛↓結束↓懷念（想像為最優前任），然後陷入自我情緒循環，而不能好好的進入下一段感情。

「**痛和痛苦是有區別的，感到痛不是因為你的選擇，但持續的痛苦，是你的選擇。**」一失戀就是一個人在情感上成長的契機，特別是對錯過式單身群體而言，失戀是一種主動選擇的結果，既然選擇結束一段關係，不僅是從物理空間上結束，還要從心理上告別，使這段感情成為完成式。

•停止自我攻擊

愛，既是一種能力也是一種修為，是透過學習而獲得的。從過往的感情中汲取自己成長的養分。作家亦舒曾在《玫瑰的故事》中寫道：「**失去的東西，其實從未曾真正的屬於你，也不必惋惜。**」當我們一次次體會失戀帶來的挫敗感時，我們會漸漸淡然。如何從這種負面循環中走出來，需要花時間與自己和解，對自己情感模式有一個深度的理解。

•與過往的情感告別

果斷切斷和對方的所有聯繫。為了避免自己忍不住偷偷翻看對方的社群帳號，先從物理空間上清理原來的軌跡，這需要的是意識上的自我決斷，這是在給自己一種強烈的心理暗示，一定要斷了過去，讓明天好好繼續。而在認知層

4 團隊建設（team building）的簡稱，指為了提升團隊溝通能力、協作能力、控制能力，實現業績最大化而開展的團隊建設活動。

面，與過去切割，用更加開闊的視野去思考人生；在行動上，多關注自我成長與自我發展，將更多的注意力投於自身。

•與積極的自我尋找愛情

自我堅定而且堅實的相信：**一切都是最好的安排**。擁抱當下，接受現實，先從意識層面提醒自己與現在的戀人好好相處，花更多的時間在現在的感情上，當我們對現在的感情持有真誠與愛，心理和精神世界與現在的戀人同頻共振時，愛情自然就會在我們身邊安居。

最適合你的他是誰？

這個人也許就在你身邊，
他有著堅定的人格，
明確的知道自己要什麼，
有著積極應對情感問題的策略。
也許，你只需要向前一步。

＊＊

戀愛便是學習，
但真愛永遠不會錯過。
應對情感的策略成熟了，
真愛就會緩緩的來到你的身邊。
也許你需要的只是伸手去觸及。

影視劇推薦——《李米的猜想》

在熙熙攘攘的人群中，李米瘋狂的追逐著一對情侶，口中嘶吼著失蹤四年的男友方文寄給她的信件內容，化成灰都能認得的人，如今卻改名換姓，翻臉不認人，還和別人成了情侶。

這個片段描述的是由曹保平執導、於二〇〇八年上映[5]的懸疑愛情片——《李米的猜想》。李米的男友方文失蹤了，但四年來她不斷的收到他的來信。她一邊開計程車一邊鍥而不捨的尋找他的下落，她會將他的照片隨身攜帶，詢問每一名乘客是否見過他，或者參透那一串神祕數字背後的意義。在昆明跑出租的她，每日看起來都心事重重又特別疲憊，她用一種結果渺茫、將死不死的期待，把自己困在了一個籠子裡，能夠解救她的只有方文，哪怕是一個不好的答案。

日子過得很平淡，可這些都被兩個犯罪者裘水天和裘火貴打破，於是她經歷了心驚膽戰的逃亡。最後在警局裡，李米終於見到了方文，但是此時的方文挽著其他女人還裝作不認識她。李米放下了一切尊嚴和身段，她衝動的大喊、糾纏、憤怒，四年來的單身尋愛之路，換來的只有求而不得的結果。

但就在方文不耐煩的承認認識她時，她率性的走了。也許對李米來說，這也是一種解脫，那一刻方文真正從李米的世界消失了。然而，這次命中註定的偶遇，讓員警發現了方文犯罪的事實。方文因為愛而不願失去，傻傻的以為用金錢就可以補償一切，他希望實現李米開超市的願望，成為李米父母滿意的女婿。然而，搭上錯誤列車的他已誤入了迷途，方文最後在擺脫員警的追蹤時墜橋身亡。

出事前，他給了李米一筆錢，這是他給自己的交代。在方文留下的錄影帶裡，李米看到了在陽臺收衣服的自己、吹乾頭髮抽香菸的自己、無助的獨自換輪胎的自己，原來方文也在以「錯過」的方式默默的守護著李米。沒有站立過

5　臺灣是二〇〇九年上映。

的人，不會懂得站立太久雙腿都無法彎曲的痛苦，如裘水天、如方文，更如李米，那份已錯過的愛，成了他們絕望之境的最後一束光。

▲《李米的猜想》
電影預告片。

第 4 章

在愛情面前我總是猶豫不決
—— 糾結式單身

他們往往會在關係中糾結，在錯過中內疚。

＊我的理想戀人，是他優越的外表與他細膩的內心合二為一。

＊過早答應擔心後悔，不答應擔心落單。

＊在愛情面前我總是猶豫不決。

＊愛情這一道單選題對我太難。

1 再好的緣分，也經不起等待

林鹿是一個做任何事情都瞻前顧後的人，比如，和朋友相約一起旅行時，她總是會糾結去還是不去，去了覺得浪費時間，手頭還有好多事沒有完成，不去又怕影響彼此的感情，下次對方就不約自己了。這樣的糾結讓林鹿覺得很累，卻又總是避免不了，甚至在有可能發展成親密另一半的人面前，她更是猶豫不決，很難做出進一步的決策，直到眼睜睜的看著摯愛成為別人的枕邊人。

外表甜美、性格活潑的林鹿一直不缺追求她的對象，然而二十九歲半的她卻依舊單身。有友情之上愛情未滿的人，也有相親認識的對象，但最終都帶著差一點點的緣分與他們擦肩而過。

讀書時有一個很呵護林鹿的男同學周岩，同班同社團的緣故讓兩個人慢慢熟悉起來，看到了緣分的天空。相處中，周岩成熟、穩重、有責任心，這讓林鹿對他越來越依賴，對他的好感也逐漸加深，兩人經常一起相約去自習、一起出去玩，周圍的同學們都以為他們在談戀愛，林鹿也覺得周岩是喜歡自己的，可是她卻非常糾結要不要挑明彼此之間的關係，甚至當周岩想要表白時，林鹿也會找各種藉口跳過這個話題。

對於兩人之間的感情，林鹿總是搖擺不定，一邊給自己鼓勵打氣，一邊又在給自己潑冷水：他是真的喜歡我嗎？我是真的喜歡他嗎？如果挑明了彼此之間的關係，我們會不會連朋友都做不成？可如果繼續這樣下去，會不會對大家來說都是一種耽誤？

林鹿表面看起來雲淡風輕，內心卻波濤洶湧，這份一直沒有答案的糾結，最終將周岩漸漸推遠。畢業後的某次同學聚會，周岩對林鹿提起了這段年少時的感情：「每次我鼓起勇氣想要告白時，妳卻變得疏遠，可第二天又像什麼事都沒有發生一樣，妳的這種若即若離讓我很難面對⋯⋯。」

畢業後，隨著年齡的增長，林鹿也開始成為相親大軍的一員，再也沒有了學生時期的情情愛愛，更多的是目標明確的去尋找那個相對而言最為合適的人，喜不喜歡不那麼重要了，關鍵是條件相搭、彼此適合。

之前有一個林鹿較為滿意的對象張浩，長得很高、很帥氣，家庭條件也與林鹿門當戶對，自己經營著一家小公司，經濟收入穩定，但是令林鹿略有介意的是，張浩的事業心太強了，心思都在工作上的他，能夠專心投入戀愛的時間少得可憐，但是除此之外，兩人真的很合適。

而另一位由主管介紹的隔壁部門同事徐磊，雖然長相沒有張浩那麼帥氣，但是兩人因為工作多次接觸，林鹿覺得徐磊特別有耐心，而且彼此生活節奏一致，也非常有話聊，與徐磊相處時，林鹿覺得特別輕鬆。

張浩和徐磊各有各的優勢，也各有各的不足，這又讓林鹿犯了「糾結綜合症」，到底誰才是最合適的呢？如果兩個人能夠綜合一下就好了，自己也不用這麼糾結了。

林鹿還在不斷的糾結，而兩位男士都已經到了適婚的年齡，林鹿在猶豫中，等來的是這兩位各自的婚訊。

時間很長，但人生很短，有時候多想想是好事，但是想得過多卻會讓我們不斷錯過。林鹿就是如此。

愛情是最深的內心戲

看完了這個案例，不由得心疼一下林鹿。在外人看來，或者是在周岩、張浩、徐磊看來，明明已經快要水到渠成的感情，卻總在臨門一腳時有變數；明明前一秒還快樂相處，下一秒卻若即若離，這不是「渣女」嗎？

林鹿真的「渣」嗎？其實不然，她只是害怕面對不確定性。林鹿害怕滿腔真心最後得不到回報、害怕被傷害、害怕會後悔、害怕最後還是自己一個人，於是她不敢賭上自己和對方的未來，每日都在糾結中過著自己的單身生活。

林鹿為什麼會在感情中如此糾結？**在親密關係中糾結的人把感情看得更重，因此在投入親密關係之前會患得患失**，比如，結婚前女性會更加「恐婚」。女生會幻想和伴侶未來的一切，把各方面都納入考慮範圍，只要有一點迷茫，都可能會讓女生陷入要不要開始這段關係的糾結中。

女生的感情，就像一杯發酵的酒，一開始並沒有那麼醇厚，但是隨著時間的沉澱，越加香濃。在這個案例中，林鹿就是典型的慢熱型代表，不管是周岩、張浩還是徐磊，林鹿還在給自己做心理建設時，男生已經因為沒有得到堅定的回答而選擇離開。

對於糾結式單身的女性而言，她們時刻在自己腦海中上演著很多「大戲」，比如，我可以嗎？他可以嗎？我們可以嗎？但是在愛的世界裡，需要的是看見、聽見與唯一感，可是男生只能感到被忽視、被冷落、被拋棄，很多時候兩人陰差陽錯，就這麼無奈的分開。

其實一個人糾結愛與不愛的同時，自己內心深處是有答案的，但是卻害怕面對這個答案。

林鹿與周岩的這段關係，是在青春年少時發生的懵懂愛戀，兩人對彼此都有情愫，但是對那時的林鹿而言，她還沒有足夠多的經驗，去處理自己的糾結，於是她不停的在美妙的愛戀和自我的懷疑中反覆跳躍，打氣、潑冷水，打氣、潑冷水，周而復始，活在患得患失中，如履薄冰。而彼時尚不能理解林鹿的周岩，也覺得不知所措。如果兩個人能夠敞開心扉向前一步，也許結局會不一樣。

而在與張浩、徐磊的相處中，已經褪去了所謂的愛與不愛，要考慮的事情只剩下了適婚年齡狀態下的適不適合，對林鹿來說是這樣，對張浩和徐磊來說也是這樣，因為沒有得到林鹿的回覆，兩位男士也沒有時間再繼續等待未知的結果。

與其還在糾結要不要開始，不如給自己一個機會，也給你和對方一個機會，不要害怕結果不好，有了試錯才會迎來那個對的人。即使結果真的不好，也無須沮喪，感情本來就是不能勉強的事情，透過一段感情實現自我成長已經是「賺」到了。

雙人舞成了獨角戲

妳的每一次若即若離都讓我幾乎想要放棄，妳的每一次美好如初又讓我不捨分離，直到最後我開始思考，妳到底是在對我的感情「待價而沽」，還是在讓我的感情「一個人起舞」。最後我決定選擇離妳而去。

這位美麗的女士有著迷人的一面，這激勵了他踏出第一步的勇氣，卻在一次次的接觸中，被那不堅定的眼神勸退，終究是沒有踏出最後一步。

糾結式單身的人或許並不缺乏吸引理想中的他的能力，只是在一次次的猶豫、左右權衡中，讓眼前的他失去了繼續走下去的信心。單身或許非她所願，但她卻依然成了這場感情小悲劇的編劇兼主演。

在生活的大劇場中，總有人扮演著為感情歸宿而鬱鬱寡歡的角色。有的人憑實力單身，硬生生和「那個他」處成了「哥們兒」；有的人選擇片葉不沾身，在一場場感情中很快抽身而出瀟灑離去；有的人則在渴望愛情歸宿卻不可得中，東奔西走，像一隻迷失在色彩森林中的孔雀，明明自身奪目卻被眼前的一切迷了眼，總是在糾結和斟酌中猶豫不決，最後春逝秋來，所有的色彩終究離她而去。

她或許不知道，在自己駐足凝望的時候，眼前的人一直在等待她能夠給予一次堅定又主動的回應，可遲遲等不到想要的態度和答案，誰又能賭上自己的一生呢？

林鹿的若即若離和左右斟酌，終究是消磨了眼前人的耐心和真心，或許等到不得不做出決定時她才會發現，現實已經不允許她再用大量的時間去考驗一段真摯的情感，就像她說的那樣：「再也沒有了學生時期的情情愛愛，更多的是目標明確的去尋找那個相對而言最為合適的人，喜不喜歡不那麼重要了，重要的是條件相搭、彼此適合。」

可就算這樣，幾乎深入骨髓的「糾結症」仍然在影響著林鹿的人生。在感情裡的糾結，已然成了一些人尋找歸宿途中的「一葉障目」[1]，阻礙她的並非多麼難以跨越的溝壑，只需要在彼此的相遇中給自己一個機會，也給對方一個繼續走下去的理由。守得雲開見月明之前，或許要先撥開障目之葉見世界。

在他的眼裡，期待或許是常態，享受和她在一起的時光或許有些困難，因為她總會時不時的在他熱烈追尋時突然冷淡回應，甚至迴避。對眾多的「林鹿們」而言，可能僅僅是再考慮考慮、再等待等待，甚至再比較比較，而對於面前的他來說，感受到的只有一次次的拒絕。失望與日俱增，這段感情終究讓他望而卻步，最終選擇在這場戀愛的角逐中退出、收場。留給她的，只有何去何從，何處可為歸宿的自問。

1 比喻一個人為局部或暫時的現象所迷惑，無法認清全面或根本的問題。

2 之所以糾結，是因為猶豫太多

糾結式單身群體指的是面對感情抉擇時猶豫不決的單身人群。他們會在兩個追求者之間猶豫不定，也會在面臨一個追求者時，猶豫要不要有更進一步的發展。或是過往經歷、或是性格使然，讓他們在一次次面臨愛情時，猶豫不決，最終錯過。矛盾和衝突是糾結式單身群體情感的常態，舉棋不定而非落子無悔，左右為難而非直覺決定，他們常常處於自我否定和自我逃避的對話中。

・日常生活中的優柔寡斷

一般而言，特別喜歡糾結的人，大多數有著優柔寡斷的性格。有這種性格的人，對小事糾結往往會導致對大事也失察。比如，當遇到彼此喜歡的人時，這類人的潛意識會告訴自己：我真的喜歡他嗎？我為什麼會喜歡他？他能給我安穩生活嗎？後面會不會有更合適的人呢？如果遇到兩個人，則是雙倍的糾結：他們兩個人誰將與我共度此生？

這種優柔寡斷的性格，必然會造成精神內耗與情緒消耗。精神內耗又叫心理內耗，它是指人在自我控制中需要消耗心理資源，當這種資源不足時，人就會長期處於一種內耗狀態。這種精神內耗會讓他們的內心充滿矛盾，也會讓他們更容易陷入一些情感旋渦中無法自拔。

・糾結背後的敏感和自卑

喜歡糾結的人往往會伴隨著敏感且自卑的狀態，他們在面對一些問題時會表現得過分謹小慎微。這種敏感且自卑的性格，讓他們在感情中吃盡苦頭。考慮的時間久了，他們就會自我懷疑，不敢去追求，並不斷的否定之前的看法。

比如，這個時候他們會想：這個男人，真的有那麼好嗎？是不是我高估他了？我真的能追到他嗎？我拿什麼來吸引他的目光呢？這些糾結的心態，會產生大量的糾結問題，問題累積多了，就會讓人陷入一種「自我懷疑」的局面。長久下去，這種自我懷疑的狀態會令人慢慢失去自信心，導致敏感、自卑循環往復。原本想鼓足勇氣去追求對方，可經過這樣的糾結，或許就會選擇放棄。

• 內心住著一個「完美愛人」

生活中那些追求完美的人，內心通常也很糾結，他們做出任何選擇都會感到不妥。他們左右思慮，看似綜合的考慮了一切條件，不想接納殘缺，總想找到最完美的那個選擇，實際上那個完美的選擇，根本就不存在於現實生活中。

糾結式單身群體的情感模式是比較淡漠的，簡單的說就是不算太熱情，即使是在熱戀的時候，也很難讓你感受到他的熱情。他們與伴侶相處時常像「社交恐懼」一樣，拒絕深度交流和溝通。事實上，**完美的本意不是剔除所有不完美的部分，而是既能夠欣賞完美的部分，又能夠接納不完美的部分**。只有接納事物的兩面性，才是人格健全的體現。

3 在關係中糾結，在錯過中內疚

糾結既是原因也是結果，糾結只是一種行為表象，背後的心理動力是自身安全感不足。他們或許出生於謹慎決策型家庭、或許有著完美型父母、或許屬於自我完美型人格、或許經歷過被否定的童年，導致他們發展出自我糾結的個性。親密關係是一種對另一半全然開放的自我狀態，因此糾結式單身往往會在關係中糾結，在錯過中內疚。

糾結式單身群體在親密關係中的典型狀態是：糾結、難以決策。在被表白時，他們糾結自己要不要答應表白；在相處時，糾結自己要不要在親密關係中向前一步；談婚論嫁時，糾結自己要不要堅持自己的想法等。

• **觸發機關（核心）**：在親密關係中尋找最優解。他們不確定哪個選擇更好、哪個關係更能長久，他們認為自己是不安全的，對方不能滿足他們對完美戀人的所有期待。

• **真正的問題**：自我不安全感，當關係日益親近時，他們會感到日益不安，越到做決定時越煎熬，使得戀人不知所措。在這樣的張力下，他們的驕矜與猶豫不決會傳遞給對方，戀人也會感到不安，彼此的不安感對親密關係極具殺傷力，這樣的親密關係往往會漸行漸遠。

• **痛苦的原因**：人類所有的苦都源於欲望，全能式自戀、未分化的自我，必然在親密關係中不能承受否定與拒絕，因此他們糾結於此。問題懸置、關係困局往往是糾結式單身的解決方案，把不解決問題作為解題答案，會造成更多的困局。

當我們理解了糾結式單身的自我圖式時，就容易找到突圍之路。

4

談感情，要避險也要避渣

情感糾結的人，可能源於個體的退縮，或者依賴性的人格特質、或者源於上一段親密關係帶來的創傷、或者源於現實生活的具體考量，但這一切都會使得親密關係的美好，被猶豫不決消耗了彼此的熱情與熱愛。

糾結式單身群體在親密關係中既要避險也要避「渣」。**要特別留意糾纏式戀人，因為糾結的個性會悄悄的勸退真心愛你的人，又會不自覺的引來糾纏你的戀人**，對方會抓住你個性中的弱點進行情感控制、情感勒索甚至PUA[2]，這

2 Pick Up Artist，指搭訕藝術家、把妹高手，描述男人學習和應用特定的技巧、策略和心理戰術來追求異性，並誘惑其與之發生性關係。

是要謹記的一點。

此外，還要擔心「不負責、不承諾、不拒絕」的人，糾結式單身群體在情感遊戲中往往是因為糾結於眼下，而失去對長遠情感的判斷力。與此同時，糾結式單身群體還要注意在人際交往中的分寸感，進退維谷不但會給不可靠的人有可乘之機，還會錯失良人。

那麼糾結式單身群體該如何突破社交局限呢？

一、增強情感中的自我洞察力，向內尋找答案，可以撥開迷霧看到情感中自己內心的恐懼、內心猶豫的點，從而直接面對自己的狀態。從過程完美到結果完美的假想中慢慢回歸現實，觀察現實中的戀人為什麼會喜歡你，而你又為什麼會喜歡對方，這樣才能如剝洋蔥一樣了解自己當下的狀態。

二、累積戀愛的經驗，也會幫助你從實踐中獲得直觀經驗，既可做到有效避「渣」，又能幫你找到中意之人。

三、尋找社會支持，你的親朋好友可以成為你親密關係的見證者，聽取

「過來人」與「明白人」的建議，可以讓你在社交中增強自信心與安全感。

給糾結式單身群體的脫單建議為：

- **拓展關係邊界，廣泛建立社會聯結**

總是糾結的人往往都很細緻貼心，追求一份完美的情感。當我們與更多的人建立聯結時，日常人際關係的邊界就會有所拓展，特別是在與異性交往的過程中，我們會發現每個人都是一道獨特的風景。

尋找另一半，不是找與自己重疊的人，而是彼此的互補湊成一個「剛剛好」，因此，在意識層面，要對自我有提醒、有覺察，當愛情降臨時，才不會錯過。

- **在關係中尋找安全感，找到自己的安全島**

事實上，所有的安全感都根植於我們自己的內心，當我們進入一段關係時，先從自己身體的感受出發，覺察自己身體的鬆弛感與放鬆感，這樣糾結的人會慢慢卸下盔甲，在走近對方時也容易讓對方走近。這個時候，我們會從自己所囿於的那個「卡點」中走出來，思維與認知視角拓展了，我們就會看到對方身上閃閃發光的點，而不為自己糾結的點所困。

・體驗親密感

真實的親密關係是全然的接納自己，也全然的接納對方真實的模樣，當糾結於大腦中想像出來的完美時，就會很難體驗到愛情的曼妙，我們需要給自己一點點向前一步的勇氣，這樣的勇氣是愛情給予的，也是我們會看到全新的自己的一面鏡子，當對方給我們一個愛情表示時，試探著向前是一種自我突破，只有這樣的自我突破，才能發現不一樣的彼此。

・獲得幸福感

體驗幸福既是一種實力也是一種能力，不要在猶豫彷徨中錯失人生獲得幸福的機會，在親密關係中把握幸福，靠的不是運氣而是自身的判斷力與勇氣。當我們依然糾結時，請按下暫停鍵，看看自己猶豫的點是什麼、這個點是否重要，提升對糾結說「不」的能力，當我們邁出嘗試的第一步時，幸福也正在悄悄的迎面而來。

最適合你的他是誰？

他看似「大條」[3]卻心中有數的。
與他一起，你會穿越迷霧，
活成你自己，
因為他包容、寬厚。

＊＊＊

你的情感世界紛紛擾擾，
心有千千結，
但你只要把任務清晰的做好排序，
認真的動一次感情，
你就會贏得愛與人生。

3 指人粗心大意，做事不經過大腦。

影視劇推薦——《請回答一九八八》

《請回答一九八八》是以一九八八年漢城（現在的「首爾」）奧運會為背景，講述在首爾市道峰區雙門洞居住的平凡可愛的五戶人家，在貧瘠的夾縫中尋找到了生活的真諦——家庭的溫暖、鄰里間的照應、純真的友誼和青澀的初戀。其中，令無數觀眾念念不忘的「狗善CP」真實的呈現了糾結式單身群體的戀愛癥結。

劇中的正煥是個不善言辭但心思細膩的孩子，不論對於親情、友情還是愛情，他選擇把更多的心事都藏在心裡。正煥一直喜歡著德善，卻又以自我隱忍和「相愛相殺」的方式，自顧自的為她小心建造著「愛情方舟」。

正因為他不善表達的個性，德善從正煥彆扭的語言背後讀出的是不喜歡自己。下雨天，他撐著傘在路邊等德善晚自習下課。德善說喜歡粉色手套，正煥便偷偷買下來送給她。但當德善為奧運會在院子裡練習化妝時，德善問他好不好看，他淡淡的回了句：「不好看」。當他們在一起談論正煥心裡的女神李美妍時，正煥馬上來了句：「就妳那臭嘴，也配說李美妍？」當德善看到了自己送給正煥的粉色襯衫穿在他哥哥身上時，正煥選擇了迴避問題不做解釋。

正煥的愛情，早就在自己一次又一次的嘴硬中死去。由於想得太多，正煥有了「開口拖延症」。時隔六年，當猶豫不決的正煥終於鼓足勇氣決定表白時，那個曾經對他有過心動並給予積極回應的德善早已走遠了。就像正煥自己說的：「搞怪的不是紅綠燈，不是時機，而是自己數不清的猶豫。」

對於德善而言，作為家中的二女兒，家裡的關注一直都屬於品學兼優的姊姊和受寵的弟弟，這使得她十分缺乏安全感和自信心。但在她感受到正煥的好感後，她每一次的主動靠近，卻被正煥狠狠的潑了冷水。雖然正煥用自己的方式愛著對方，但對於德善或者多數女生而言，一份篤定的、衝動的、不掩飾的、不躲閃的偏愛才是最值得嚮往的。

第 5 章

不是沒人追求，
只是覺得戀愛太麻煩
——沉浸式單身

一個人就活成了一支隊伍，一個人就活成了整個宇宙。

＊我覺得賺錢比談戀愛更重要。

＊我完全沒有時間談戀愛。

＊桃花來敲門，我卻把門關上了。

＊我覺得一個人也不錯，一個人也可以過得很好。

1 除了愛情，我有一百種讓自己快樂的方法

沉浸式單身指的是那些習慣單身並且享受單身狀態的人，他們忙於工作應酬、人際交往、養寵物、購物、探險、旅行等，除戀愛之外的愛好來豐富自己的生活，以其代替伴侶的角色，他們全部的情感需求可以透過全方位的個人努力，在自我邊界內得到充分施展與滿足。

在大家的眼中，艾嘉的生活狀態就是「優秀」的完美注解與生動詮釋。她作息規律，堅持健身，整個人的精神狀態比實際年齡年輕很多。或許是因為自己的外貌優勢帶來的自信，艾嘉從未擔心過自己的脫單問題。她也並不著急，

覺得只要時機成熟，自然就會遇到靈魂伴侶。

這期間的她，過得很瀟灑，下班後不會選擇窩在家裡，而是去品嘗美食、畫畫寫生。若是適逢假期，她就會來一場說走就走的旅行。她會在平日的閒暇時光彈琴、唱歌，會在週末追劇、做家務，偶爾也會和朋友去酒吧喝點小酒。她覺得這樣的日子輕鬆又自在。

總之，那些年的她沒有感情的羈絆，過得很快樂，她把自己的單身生活過得比兩個人還精彩。她不會因為對方不回自己消息而感到煩惱、不會因為要敲定約會時間而反覆修改自己的行程、不會因為談戀愛而縮減自己的社交時間，也不會因為不確定結果的戀愛就讓自己胡思亂想。更何況一個人的生活就已經很有滋有味了，如果要考慮脫單這件事情，那麼前提是那個伴侶能讓她感受到雙倍的快樂。

可是過了三十歲後，艾嘉有時也會自我懷疑：我這樣的生活真的是自己想要的嗎？特別是當她和同學們再見面時，大家都在分享育兒經驗，讓她感覺自己有一種莫名的失落感。享受快樂的單身生活，似乎透支了自己的青春。

在家人的催婚下，她先後應付了不少相親，以前覺得脫單不難，如今卻深感無力，尤其愛情這件事完全不是自己能說了算的。相親對象的挑三揀四、家中親戚的冷嘲熱諷，讓她對愛情不再有自信。

回憶那些瀟灑的過去，在沉浸式單身中，她感受過快樂，但也承受過不少迫不得已的無奈。她習慣於獨立，一個人搬家已經不知道有過多少次了，凡是能自己解決，或是能花錢請人解決的，她絕不麻煩別人，努力的保持著成年人的體面。

有一次，艾嘉生病住院，需要動手術，除了告知閨蜜外，她沒有跟第二個人說。或許是因為這種「怕麻煩」的個性，她的異性緣一直不是很好，總是把那些可能會發展為戀人的異性朋友處成了哥們兒。如此獨立的她，也曾被人示好過，小宇就是其中之一。

小宇是艾嘉的同事，機緣巧合下小宇無意中在社交媒體平臺上，看到了艾嘉細心打造的單身世界，小宇被艾嘉富有浪漫文藝氣息的生活狀態深深吸引。小宇默默關注著她的每一條動態，艾嘉也注意到了有一位叫「淡水魚」的網友，每天都會訪問她的主頁、點讚她的動態。

終於有一天，小宇在公司主動向艾嘉表露了自己的身分，並發出了約會邀請，艾嘉面對這個熟悉又陌生的網友，欣喜又惶恐，欣喜於在自己的伊甸園，遇見了來自另一個平行世界的訪客，又惶恐這段邂逅是否會打破這份許久未被驚擾的平靜。

約會前，小宇了解了艾嘉的喜好，並提前做好了功課。在約會中，艾嘉對於小宇的用心非常感動，但隨著對小宇的好感度增加，她變得更加遲疑了。艾嘉總是在想，如果在戀愛中經歷了背叛、冷淡、拋棄，自己應該怎麼辦？如果小宇在相處中發現，自己並沒有想像中那麼好，自己應該怎麼辦？

而小宇在追求艾嘉的過程中顧慮也很多，就像遊戲中的升級打怪一樣，小宇生怕自己追求艾嘉的速度太快亂了節奏，又怕自己畏畏縮縮顯得不夠真誠。小宇已經單身五年了，他與艾嘉不同的是：沉浸式單身的日子並非有意為之，而是迫不得已，這不是個人的選擇，而是社會的篩選。

作為小鎮青年的他為了在大城市立足，想要「脫單」必須先「脫貧」，要為「有房有車有鈔票」的愛情砝碼而奔波。小宇在深不見底的海洋中迷茫的追尋著不知道在哪裡的未來，他認為只要趁著年輕的日子多努力，一定能換回想要的愛情與麵包。在拚命工作的日子裡，小宇好像發現了另一個自己，艾嘉竟然與自己有如此相似的靈魂！

終於，小宇邁出了那一步，約會中的兩人很聊得來，但艾嘉給小宇的回饋，讓他覺得這只是作為朋友的欣賞，每當談及感情時，艾嘉總是閃躲或搪塞過去。小宇感慨：愛情裡從來沒有久病成醫，卻有久病成疾。原來，單身久了愛一個人就會變得更難。

愛情要試錯

「認知不協調」，在心理學中指的是，人們對於某件事情的認知和實際不相符。現今社會上有一類人堅持做「快樂的單身主義者」，然而他們真的能一個人如此堅定、瀟灑的過一輩子嗎？

歌手阿桑的〈葉子〉裡有一句歌詞，「我一個人吃飯、旅行，到處走走停停；也一個人看書、寫信，自己對話談心」，很好的概括了「沉浸式單身」的狀態，我們也可以從故事的主人公艾嘉身上窺知一二。

年輕時的艾嘉擁有著完美的單身生活，為什麼她不願意戀愛呢？一方面，她的舒適圈太大了。姣好的外表、豐富的娛樂生活、良好的交際圈，沒有愛情生活但依然完滿。

另一方面，愛情的試錯成本太高了。儘管她也曾屈從於現實，和熟悉又陌生的「網友」小宇展開了曖昧之旅，但是在面臨抉擇時，艾嘉害怕自己的節奏被打亂、害怕自己選錯人、害怕對方不是那個正確的他、害怕自己受傷，於是她又退縮了。在某種程度上，沉浸式單身群體可以說是「害怕戀愛麻煩者」。

那艾嘉為什麼會後悔陷入沉浸式單身呢？一方面是現實的壓力。曾經她在舒適圈內自由選擇，但是當父母的催促、相親對象的挑選、親戚的嘲弄都擺上檯面時，生活突然督促她快速成長，再也沒有理由逃避。

另一方面是內心真實的聲音。從蕩氣迴腸的瀟灑到柴米油鹽的平淡，艾嘉需要對這個過程進行心理建設或者說適應。而在那些一個人走走停停看世界的過程中，她真的沒有動搖過嗎？

案例中所提及的艾嘉努力維持著成年人的體面，而她在背後又承擔了多少午夜夢迴的孤單。但是出於對感情的患得患失、對未來的恐懼，都讓她再次對戀愛敬而遠之。

感情真的是一件很難的事，需要付出大量時間和精力去培養、經營，最後還未必得償所願。其實對於沉浸式單身的人而言，她們內心並不是不期待愛情，而是喪失了接納一個人的勇氣，既是接納戀人的勇氣，也是對自我確認的勇氣，於是「為了避免結束，避免了一切開始」。

她們希不希望有個臂彎可以環繞呢？其實也是希望的。只是如果沒有臂彎，現在的一切好像也不差。

親愛的你，**不要輕易抗拒可能發生的事情，只要你所抵達的終點是幸福，那在前進的過程中即使遇到曲折也無所謂，要給自己擁抱幸福的勇氣。**

優秀未必是婚戀的標配

走過山川與星河的她，好像選擇了一個人創造色彩，這色彩讓人著迷、流連忘返，讓我的靈魂不自覺的向她靠攏，希望能夠走進她的世界。然而，這個獨一無二的世界卻如此難以捉摸，上一秒我們還可以談笑風生，而下一秒她便讓我感知到清晰又令人絕望的邊界。使我不禁會想，她真的適合我嗎？

綜藝節目《奇葩說》裡有一期辯論題目——「剩男剩女該不該差不多得了[1]」。然而對於沉浸式單身的女性而言，或許字典裡就沒有「差不多得了」這一個選項，有的只是沉浸在一個人的「一百種快樂模式」裡。

艾嘉是一個沉浸式單身群體的縮影，在職場裡得心應手的她，在生活裡也遊刃有餘，不會因一個人生活而感到無趣，更不會因為長久單身而期待戀愛。

「永遠年輕，永遠積極向上」是她靈魂的外顯，這份獨特的魅力讓她的生活看起來如此充實又精彩。滿分作文對她而言從來都不需要借鑑別人的素材，對生活的經營、付出和精心設計，早已經讓她的文章充實又美好。這份獨一無二的文章，讓人初次接觸後便忍不住想要了解作者的一切，然而等到真正看到她的內心世界後，「小宇們」才察覺自己早就「中毒已深」，卻同時發現無法再進一步，只得自我勸退。

艾嘉真的很難吸引異性的目光嗎？從她對自己的認知中也能看到一二，從未擔心自己無法脫單，是她對自己能力和樣貌的自信，規律的作息和堅持健身的習慣，又讓她比同齡人更加出色，彈琴唱歌的愛好更是讓她不缺乏氣質的底蘊。或許在某種程度上，這也是大部分沉浸式單身女性的標配，事業有成又沒有容貌焦慮，忙碌的生活中總是不缺少自給自足的快樂與滿足。

艾嘉的世界或許無法涵蓋所有優秀職場女性的豐富，但這「一百種自給自足的快樂與滿足」總歸是沉浸式單身女性的能力基礎。

然而，成也優秀敗也優秀。正是這份強大的優秀，讓「艾嘉們」早已失去

1 表示希望對方適可而止，做事情不要太過分了，在某一個程度上，就差不多夠了。

了對愛情的渴望和需要，讓自己的生活裡不需要「他」也能過得美好和滿足。這也讓「艾嘉們」在面對不期而遇的感情時，顯得無所適從又覺得沒有必要，多了一份淡漠和距離感，少了一份熱切和回應。就像艾嘉面對小宇時的欣喜又惶恐，欣喜著在自己的伊甸園遇見了來自另一個平行世界的訪客，又惶恐著這段邂逅是否會打破這份許久未被驚擾的平靜。也正是這份「惶恐被驚擾到平靜」的心態，擊碎了多少「小宇」對愛情的憧憬。

愛情需要向前一步的勇氣，往後一步是退路。這種「沉浸式單身」，堵住了多少「小宇」的向前一步。沒有回應的單向奔赴[2]，或許這就是一場不適合的愛情遊戲。

2 一人生活比兩人自在

沉浸式單身群體面對人和事時，先看到的是自己，他們的人格特點為：

・迷戀獨立的生活與獨立的情感

對於沉浸式單身群體來說，按照自己的願望生活是他們永遠的嚮往，他們的生活都屬於自己，好心情由自己維持，壞心情由自己調整，在他們眼中，擁有完全放鬆的獨立生活和做自己的自由，這是令許多人羨慕的最佳狀態。

2 指一廂情願，只是單方面一直在付出。

就像艾嘉一樣，她讓自己的每一次心動在曖昧期終止，作為愛情盛宴的旁觀者，積極獨處成了她生活的基本功，但隨著時間的推移，她開始擔心自己無法擺脫對於獨立生活的迷戀，這種對私人空間的過度保護，其實更是對親密關係的防禦手段。

他們的感情是冷靜而安靜的，用一句話概括他們的情感生活就是「偶爾憧憬愛情，永遠享受單身」。

・戀人寧缺毋濫

作家蔡康永曾說：「除非那人，可以使你比單身時過得更好，不然何必為了那人脫離單身。」隨著「九五後」到「〇〇後」[3]結婚觀念的轉變、個人獨立意識的進步，婚姻裡最不想要的就是「將就」。好看的皮囊千篇一律，有趣的靈魂萬裡挑一。當代年輕人尋找對象需要的是一個與自己心靈、精神相匹配的人，如果沒有遇到合適的人，他們寧願選擇放棄。

面對來自社會和家庭的催促壓力，他們也希望能聽從自己內心的想法。艾嘉隨著年齡的增長，面對身邊「妳該談戀愛了」的聲音，她沒有選擇寧濫毋缺，婚姻彷彿不再是必答題，而是變成了選擇題。

・享受自足人生

不斷嘗試各種事物、尋找樂趣取悅自我的特質，正是現代沉浸式單身群體數量不斷增長的原因之一。豐富多彩的社交活動和各項便捷的服務，都極大的充實了單身群體的空閒時間，這讓他們不必局限在家中，擁有了更多的人生可能性，內心世界也逐漸變得豐盈，這類群體所有的需求，都可以透過自己的努力滿足，過著愜意的自足式人生。

因為在愛情中我們要讓出自己的部分心理空間，像一個拼圖一樣，你這兒凸出來一塊，我這兒凹進去一塊，雙方正好嵌合到一起，彼此有依賴的同時，也會面臨著衝突。所以，對於沉浸式單身群體來說，他們白天享受生活，晚上

3 指一九九五年至二〇〇九年十二月底出生的人。

偶爾孤獨。在他人眼中優秀的艾嘉，正是因為自己的空閒時間被興趣愛好塞滿，所以面對小宇的突然到來，艾嘉選擇了留在自我平衡的舒適區，放棄了被愛的機會。

3 單身是一種選擇，也是一種生活態度

對於沉浸式單身群體來說，單身既是一種生活態度，也是一種自我選擇，他們一直活在自我的自洽中，在這種日復一日的習慣模式中，他們已經將自己活成了關係的所有，關係模式中的邊界感很強，沒有給對方留下位置，一個人就活成了一支隊伍，一個人就活成了整個宇宙，親密關係中最困難的一步是突破自我閉環[4]。

每個人成為沉浸式單身人格也許是在不知不覺之中，有的人早年步入社

4 做事不留餘地、不會變通。

會，習慣了一個人打拚；有的人因愛受傷，在自我世界裡自給自足、豐衣足食，不想再被感情困擾；有的人回望父母感情生活，所得到的關於親密關係的經驗往往是負面的，使自己缺乏向前一步的勇氣……其實這些看起來並不相同的原因，並不能充分解釋個體的關係狀態。我們需要留意的是：每個人在一段關係中的處理方式，都有其內置的情感模式，即關係模式。

心理學家阿爾弗雷德．阿德勒（Alfred Adler）認為：人生有三大課題，分別是工作課題（同事關係）、交友課題（朋友關係）和愛的課題（親密關係、親子關係）。他認為一切人際關係的矛盾，都起因於對別人的課題妄加干涉，或自己的課題被別人干涉。只要能夠進行課題分離，人際關係就會發生巨變。

第一步，我們要釐清這件事情是誰的課題。看最終所帶來的結果由誰來承擔，就是誰的課題。

第二步，不要干涉別人的課題。干涉別人的課題是以自我為中心的想法。父母催婚、催生有時候是為了滿足他們自己的面子和虛榮心，他們把孩子的課題也看作是自己的課題。

第三步，拒絕被別人干涉課題。如果父母總是對你管控很嚴、干涉你，怎麼辦？可以與他們好好溝通，請求他們尊重你的選擇，告訴他們，你希望可以自己掌控自己的人生。

第四步，自己做好課題分離。父母怎麼說、怎麼做都是他們的課題，而不是你的課題，你仍然可以按照自己內心的想法去做。更重要的是，沉浸式單身的個體都是具有經濟獨立和人格獨立的個體，他們可以為自己的關係負責。

4 獨立，不等於跟愛情誓不兩立

沉浸式單身群體看起來是在「獨立行走」，但「人」字的結構是相互支撐的，愛又來自生命的滋養，他們既獨立又有愛，擁有高度專注和習慣自處的特質，擁有著較高的生產力，懂得自得其樂。

但對於他們來說，在感情上與戀人情投意合、同頻共振也是需要花時間學習的。他們把自己的生活安排得有聲有色、風生水起，能夠透過不斷的尋找情感替代品，來讓自己不再踏入愛情的雷區。

過於自我、過於清晰的邊界感以及對於戀愛的高度敏感，讓他們選擇不再踏入異性社交圈，對於身邊朋友的關心，他們用追求「三觀」[5]一致、五官好看」的高門檻擇偶標準，來掩飾內心對於愛情的惶恐和猶豫。

他們不主動社交，不結識新的異性朋友，透過有意迴避的方式，拒絕一切與異性相處的機會。即使遇到了一些自己無法脫身的情況，他們也會透過「見了等於沒見」、「加了聯繫方式等於沒加」、「聊了等於沒聊」的淺程度社交的形式，掐斷愛情的火花。久而久之，面對沉浸式單身群體高冷的性格特質，就有越來越少的人願意去吃閉門羹了。

究其根本而言，沉浸式單身群體的社交局限不是能力而是觀念。社交就是兩個個體的自我之間的互動，這也就意味著互動會不可避免的觸發自我，並容易產生防備心理，對於沉浸式單身群體而言，他們會有更多的內心衝突、矛盾和掙扎，會自己做好最壞的預期，會將單身時與脫單後的生活權衡利弊，自我捨棄。

但這樣反而缺少了應有的真實，沉浸式單身群體最需要做的就是，跳出固

5 世界觀、人生觀、價值觀的合稱。

有的想法、接納當下的感受，採用一些忘我的手段讓互動變得自在。同時，沉浸式單身群體更應該反思的是，自己所追求的獨處是否健康、向上，一顆會獨處的心應該是不加評判、沒有任何分裂、不做任何區分的，用全部的注意力去觀察內心的活動，對於過去結下的傷疤，不應該過度糾結，而是要合理擱置，努力做到不僅可以「沉浸式獨處」，還可以「沉浸式社交」。

沉浸式單身群體突圍方法：

- **不強迫自己開始一段親密關係，但可以嘗試開放自己的邊界**

沉浸式單身群體與異性相處的時間久了，會感覺很陌生，他們更習慣於活在自己的世界中，與自己的世界聯結。

對他們來說，邁出第一步至關重要，這樣可以拓展自己的朋友圈，特別是對於太久未與異性親密連繫的人而言，這一步看起來簡單，但其實比想像中的更難。

不過**不建議大家從各種社交軟體中產生聯結並交往，可以從拓展現實的人**

際關係開始，慢慢找到與異性相處的感覺，從陌生到熟悉，從局促到從容，很多時候我們低估了習慣的力量。

第一步，小心邁出一小步，比如，參加有交友意蘊的聯誼活動，這可以稱為熱身階段，這樣可以使你在與外界聯結時沒有那麼恐懼，不會拒絕與異性交往，這項活動可以從熟悉的人群開始，比如，同學聚會、團體活動等。

第二步：嘗試著交往，從兩性交往到親密關係，從了解、熟悉到相知，再到戀人。對於沉浸式單身群體來說，單身越久，越容易想像完美愛情的模樣，從而在面對現實中遇到的真實情況時，產生巨大的心理落差，轉而退回到自我的世界中。

交往從發現對方身上的優點並逐漸放大開始，允許異性一點一點進入你的視野、分享你的生活，這也是需要學習的，且兩性交往技能的學習沒有範本，只能自己嘗試、感受、體驗，累積成功的經驗並且主動探索。

‧嘗試用愛的語言感受生活，從異性視角理解情感

一個真正想愛和值得被愛的人，在交往前看得到別人，在交往後看得到自己。在交往前看得到別人，是為了讓大家能打開心扉，不要沉浸在自己的世界裡，更不要稍有不滿就否定全部；在交往後看得到自己，是希望在戀愛中不要太縱容，或者說不要太依附對方，要保持獨立的思想，懂得發現自我的需求。

在生活自足的前提下，憧憬、期待愛情，勇敢迎接愛情，在享受甜蜜外，保持理智的態度來經營愛情，同時保持精神的獨立性，無論在單身、戀愛時都不斷成長，這大概是「沉浸式單身」轉化為「沉浸式戀愛」的最高境界吧。

最適合你的他是誰？

你會遇到那個與你一樣沉浸於事業的他，
你們會彼此欣賞，惺惺相惜。
同樣的成長型人格，
需要你們擁有冒險一試的勇氣，
愛會讓你們共同閃耀。

＊＊＊

愛情有時需要冒險一試的勇氣，
嘗試著從沉浸中起身，
也許愛的風景就在你的身邊，
人格獨立又志同道合的兩人，
一定能夠創造出屬於你們的愛情佳話。

影視劇推薦——《歡樂頌》

二〇一六年熱播的都市情感電視劇《歡樂頌》改編自阿耐的同名小說，劇中講述了在名為「歡樂頌」社區的二十二樓上，五名性格迥異的女孩們的故事，她們分別是心懷夢想的大齡「胡同公主」樊勝美、個性單純直爽又愛恨分明的邱瑩瑩、高智商的海歸金領[6]安迪、做事從不按常理出牌的富二代曲筱綃，還有一個總容易被忽視的文藝女青年關雎爾。

她們裹挾著來自愛情與麵包、親情與友情的抉擇與困境，因鄰里關係而相遇、相識、相知，從相互揣測到逐漸接納，再到敞開心扉，在這一過程中她們齊心協力解決了彼此生活中發生的種種問題和困惑，並見證彼此在上海這座「魔都」的成長與蛻變。

其中，自帶主角光環的安迪，當之無愧是「成功人士必備的多項特質」的模範，儘管已經三十一歲，但是對於在愛情上還處於懵懂期的她，在事業上卻是一位十分成功的女強人，曾在華爾街做金融主管的她，有著強烈的責任心和超高的情緒控制能力，顏值與實力並存的她優秀、自律，不僅令無數職場女性仰慕，更是讓無數職場男性黯然失色。

在生活中會以堅強的外表示人的安迪，是極端的數字迷、理性派，她會在房門口安裝監視器，二十四小時的監控、會在鄰居影響她正常作息時果斷報警、會始終如一的堅持「不與傻瓜論短長」的處事原則。她的生活從不缺少調劑，也不存在所謂閒暇的業餘，然而外表光鮮完美的她，內心也藏著不為人知的陰影和傷痕。

安迪是一個孤兒，從未體會過家庭的溫暖，內心的這種情感缺失使她不易相信自己會被人喜歡和接納，甚至對與異性肢體接觸都有著本能的排斥。其實，安迪也需要陪伴和支持，對於生活上的事情，安迪的經驗十分欠缺，她從未使用過家裡的廚房，缺乏基本的生活技能。對於談戀愛這件事，安迪更是想

6 指最能賺錢的一批人，也指財富的擁有者，如大企業經理、執行長、經紀人、老闆等。

都不敢想。

然而，習慣於自我裹挾的安迪隨著與其他「四美」的相處，逐漸感受到了大家的善意，緊閉心靈的閥門也被再次打開。而後網友奇點和小包的靠近，讓安迪逐漸卸下了心理的防禦系統，她開始試著和自己的「症狀」相處。

所以，親愛的你們，單身生活固然美好，但如果能夠擺脫「親密關係恐懼」的癥結，你將會發現兩個人的談笑風生，要比一個人看風景更加幸福和自由。

第 6 章

自戀是他談過最長的戀愛——自戀式單身

對自身價值有著過高的預判，覺得自己有優越感，自己是最獨特的。

＊我覺得我是一個特別有吸引力的人。

＊戀人的讚揚與關注對我很重要。

＊我是獨一無二的，應該享受特別的寵愛。

＊我總是覺得對方配不上我。

1 全世界我最棒

自戀是每個人生來就具有的行為，當我們還是嗷嗷待哺的嬰兒時，覺得自己就是整個世界，就像井底的青蛙，以為自己看到的井口就是天空。隨著年齡增長，有些人會逐漸改變自己的這種認知，而有些人卻仍然沉浸在自身這股強烈的優越感當中，他們對於自己的各種條件過於盲目自信。這種「自戀」讓他們在感情生活中屢屢受挫卻不自知。明明感覺自己很優秀，為什麼總是無法脫單？原來，都是「自戀」惹的禍。

浩然是一家房產公司的業務，早已過而立之年的他並沒有像老一輩所說的那樣立業成家，而是整天看似忙碌，實則得過且過，拿著勉強足夠解決自己溫飽的薪水，在一個不大不小的城市裡過著簡單的生活，而由於總是熬夜玩遊戲、吃高熱量的食物，浩然的頭髮越來越少，肚子越來越大。但是浩然對於這一切完全不在意，他覺得自己是一個很有才華、能力的人，是主管沒有眼光，才沒有發現自己的長處。

他在感情中也是如此，身邊的朋友和同事一個接一個步入婚姻，而浩然卻連戀愛的對象都沒有，他總是很疑惑，為什麼自己的朋友和同事長得不如自己、能力不如自己，脾氣也沒有自己好，竟然還能被女生看得上，自己的靈魂伴侶何時才能出現呢？那一定是一個身材窈窕、長相甜美、勤儉溫良的女孩。

恰巧剛入職的可欣就是這樣一個女孩，浩然對可欣一見鍾情，並展開了猛烈的追求，他每天都會給可欣帶早餐、買飲料，對其鞍前馬後[1]的付出，他相信，像自己這麼優秀的男人，只要自己的表現到位，就一定能夠收穫愛情。

可欣明裡暗裡拒絕浩然好多次，同事們也都勸浩然放棄，畢竟兩人的年齡差距也略大，但浩然都置若罔聞：「小女生嘛，欲擒故縱而已，我懂的，我有自信會讓她喜歡上我。而且年齡哪是問題，現在的小女孩不就是喜歡我這種『大叔』嘛。」浩然仍然繼續堅持做著他認為能夠俘獲可欣芳心的事情。

就這樣又持續了一段時間，浩然覺得時機差不多了，再次向可欣表白。由於這段時間浩然的表現，對可欣造成了非常大的困擾，可欣毫不留情的拒絕，並告訴他自己是不會喜歡他的，希望他以後不要再糾纏自己了。

這樣的拒絕讓浩然有點下不了臺，同事們都來安慰他，雖然浩然被拒絕時有點難堪，但是過不久他卻不以為意了，他覺得可欣沒有接受自己是她的損失，沒有自己這樣鞍前馬後的照顧與幫助，可欣肯定會不習慣，畢竟她再也找不到像自己這樣關心她的男人了，她一定會為拒絕自己而感到後悔的。

沒有了浩然的「照顧與幫助」，可欣的生活過得開心極了，同事們都看得出來可欣又回到了剛來工作時的狀態，每天都積極向上，正能量滿滿，情緒變好了，工作也越來越順利，圓滿的完成專案並受到主管的嘉獎。然而，這一切

1 比喻跟隨在別人後面，小心侍候。

在浩然的眼裡卻又變了味：「強裝不在意很累吧。沒有我的關心，她心裡一定很痛苦，只能把精力寄託於工作了。」

在生活中經常有這麼一類人，他們每天做著黃粱一夢，自身沒有什麼本領，卻認為自己「力拔山兮氣蓋世」[2]。「本事不大，口氣不小」，認為自己就應該配白富美，女生投射過來一個眼神，他們的腦海裡就開始上演梁山伯與祝英台的故事，這就是本章要分享的自戀式單身。

被鏡中自己迷倒

「理想很豐滿，現實很骨感。」自戀型人格的男生，通常對自己都有著極強的自信心，他們堅信只要自己伸一伸手，那麼美好的愛情一定會如約而至。他們甚至覺得，那個能和我在一起的女孩，可真是「拯救了蒼生」，才能有這樣的福氣。

如果真的有這個女孩的存在，那她還真是拯救了世界上其他的姑娘。我們可以從上文中的主人公浩然身上，剖析一下男生自戀時的所思所想。

為什麼浩然會愛上可欣呢？

一方面，這是「想像中完美自己」的投射。案例裡提到可欣完美契合了浩然對於自己靈魂伴侶的要求，身材窈窕、長相甜美、勤儉溫良。為什麼浩然認為這麼一位「完美」的姑娘一定會愛上自己？

因為他在潛意識裡認為自己是稀世珍寶，工作上只是缺少發現自己這匹千里馬的伯樂、愛情裡缺知音人士的欣賞。如果可欣能夠和自己在一起，那無疑證明了自己真的是魅力十足。

另一方面，這是「自戀」和「戀自」的混合作用。當可欣接連拒絕浩然

2 形容人的力氣強大或志向遠大。

時，浩然的第一反應不是難過、悲傷，而是認為這只是她欲擒故縱，吊自己的胃口罷了。即使可欣的生活狀態越來越好，浩然也只是認為可欣正在用堅強的外表偽裝內心的痛苦。由此可以看出，浩然是多麼的愛自己、多麼的「戀」自己。

在這個案例裡，浩然自戀歸自戀，前期還願意鞍前馬後的為可欣奉獻。而現實生活中，很多自戀式單身的人不僅格外自戀，還不願意付出，只是靜等幻想的美好來臨。

換個角度想，即使自己足夠優秀，女孩子一定就會愛上自己嗎？不是的。或許女孩子確實更容易被優秀的男性吸引，但是她們一定不會喜歡自戀又不願意付出的男性。因為戀愛，終究是雙方互相付出的過程。

每個人都會對愛情抱有美好的期望，但是當期望超過了實際水準，就變成了幻想。放下自戀，停止幻想，付諸行動，真的成為想像中那個優秀的自己，才能遇到優秀的那個她。

活在自己世界裡的孤獨者

「對我的讚美，才是最好的讚美，而所有的問題，都不是我的問題。」每個人都可以是坐井觀天的那隻青蛙，只是洞口的大小不一，讓各自看到了不一樣的世界，思想有了無限的差距。自戀式單身的他，卻又給自己的「井壁」貼滿了自畫像，連看一看洞口上方的天空的欲望和能力都失去了。將自我形象過度膨脹、浮誇的他，或許早已讓身邊的朋友都已經對他感到麻木，任其在他獨自搭建的舞臺中央，跳著孤芳自賞的蹩腳舞蹈。

習慣經常拿著放大鏡欣賞自己優點的他，大抵上在自己的世界裡活得很自在與瀟灑，只是這份自在與瀟灑可能會讓周圍的朋友們無法承受。得過且過、薪水只夠溫飽、生活簡單、髮量下降等，是浩然的特徵詞彙，可偏偏性格底色為自戀的他，並沒有看到並接受自身的這些負面評價。

盲目的自信最可怕，就像夜郎自大是無知者、好辯者的天性一般，因為周圍的朋友們，根本無法透過語言，讓浩然意識到自身的不足，並且降低自己的期待和對自己的評價。不得不承認的是，每個人都有著自己獨特的價值，然而，當這份對於自我價值的自我認知，出現過分誇大的現象，便會讓自己的一切追求，如同無根浮萍般不切實際，浩然對於可欣的追求便是如此。

表面上百般努力的浩然，的確用心在追求可欣的路上精心設計了很多場表演，只可惜這一場場表演的演員，從一開始就不為可欣所接受，甚至是否定。這場沒有結果的追求，局外人或許早已看透一切，只有浩然一人執迷於「過分的自我認知」。

或許對「浩然們」最實際的一句話就是：「浩然，你並沒有自己想像的那麼優秀。」然而對於類似的話，或許自戀式單身群體的朋友們早已經用各式各樣的方式對「浩然們」表達過無數次，只是被自戀式聊天法一一回擊，從此更是少有機會能讓他們走出這個貼滿自畫像的房間。

2 愛上我是你的福氣

活在別人的偏見裡是自卑，活在自己的偏見裡是自戀。前者會左右自己的想法，後者會讓自己的想法橫行無忌。在這場追求愛情的賽道上，如果一開始就跑偏了，人又怎麼可能抵達終點呢？

就算在這個偏離軌道的路途中見到了美麗迷人的風景，那也只是暫時的水中月鏡中花，走不出自己的榮耀城堡，永遠看不見已經領先於城堡幾百年的現代化大都市。

自戀式單身群體人格特點大致有四點：

‧自我優越感，愛上我是你的福氣

心理學家佛洛伊德表示，自戀是每個人與生俱來的，因為在嬰兒時期，我們缺乏對外面世界的認知，天真的以為自己是世界的中心。但隨著年齡的增長，這種與生俱來的自戀會隨著閱歷、經驗等而慢慢轉變，然而，總有一部分人無法改變「全能自戀」的狀態，認為自己一個人就是一個世界，一個人就是一部完美戀愛史。

自戀式單身群體對於自身價值都有著過高的預判，他們覺得自己是最獨特的。這種與生俱來的優越感使他們認為自己是最優秀的，越是意識到自己的與眾不同、獨一無二，他們越難與他人建立親密關係。

‧存在於想像中的一對璧人

自戀式人群往往會幻想自己擁有至高無上的權力、榮譽、美麗的外表、聰明的頭腦，幻想所有人都對自己熱情相待。在愛情中也是一樣，自戀式單身群體往往對理想主義的、完美的愛情抱有不切實際的幻想，自戀式單身群體覺得自己就該配「白富美」或是「高富帥」，在一場聚會中，所有的異性都該圍著他轉，哪個異性多看他一眼，他都會覺得是愛情來了。

在多元文化的現代社會，影視作品、文學作品對人們的影響越來越深，電視劇、小說中的暖男、霸道總裁、白富美等形象成了完美戀人的代表，令更多的青年男女幻想有電視劇般的完美戀人。而這種影響在自戀式人群的身上，表現得更加淋漓盡致，他們認為像自己這麼優秀的人，一定要配偶像劇裡的男／女主角。他們甚至把這種理想化的戀愛當作信仰進行供奉，寧願一直單身，也要堅持自己對完美愛情的追求。可是幻想終究是幻想，現實總是與想像有著巨大的差別，所以他們會在一次次幻想中遭受挫敗。

・因為自我感覺優越而難換位思考

自愛是愛其他人的前提，是每個人都應該擁有的能力。但自戀式人群不僅完全相信自己，他們還有浮誇式自戀和虛弱式自戀。**自戀式單身群體在面對人與事時，永遠將自己放在第一位，同理心不足是他們最明顯的特質之一，也是**

直接導致其自戀式單身的重要原因。自戀式單身群體比較不容易感受到他人的付出，這也勢必會將其擋在親密關係之外，因為戀人之間最需要的就是理解與包容。

心理學大師埃里希．佛洛姆曾表達過這樣的觀點：**不成熟的愛遵循「我愛因為我被愛」的原則；成熟的愛遵循「我被愛因為我愛」的原則**。

自戀式人群的愛就像是不成熟的愛，幼稚、脆弱、自我。自戀式單身群體的單身，既是主動的也是被動的，他們因為太愛自己而主動單身，因為太過自我而被動單身。

‧親密關係中的付出感

自戀式單身群體在一段關係中往往容易有付出感，他們認為自己可以付出，但自己的付出必須要得到相應的回報，因為這份付出並非出自心甘情願。他們的付出是為了體現自己的價值，以此獲得成就感。他們在向戀人給予時，更有一種居高臨下的優越感，這類自戀式人群往往屬於虛弱式自戀；還有一類自戀式人群認為自己足夠優秀，即使什麼都不付出，也能得到異性的青睞，這屬於浮誇式自戀，真正的愛是不計較，心甘情願的付出。

3 自戀跟童年創傷有關

對自戀式單身群體來說，一個人就是一個完整的世界，而且這個世界的破冰之旅，似乎隨著年齡的增加而越來越困難；個體的思維、認知、行為模式已經形成特別自恰的邏輯與自我完整的生活，使得與異性相處成為一件不容易的事情。

自戀式單身群體關係模式從一到二的突破，即從「我一個人就很好」、「我是自給自足的」、「我是優秀的」、「我不需要另一個人介入我的生活」等，到「兩個人也不錯」、「兩個人也許更好」，信念的改變似乎會帶動認知的變化，也會誘發固定行為模式的鬆動。

自戀式單身群體從小受到家庭的保護，他們也許在生命成長的過程中經歷過痛徹心扉的愛的創傷，因此從掏心掏肺的愛別人，轉向一心一意的愛自己，隨著年齡的增加與認知的提升，使得他們更加不主動，也不願意花費精力打開自己的空間，讓異性介入自己的生活。

自戀式單身群體的個人生活品質非常好，他們有著自己的核心社交圈，甚至異性緣也很好，只是缺乏足夠的意願與動力，展開一場屬於自己的戀愛，將自己託付給對方。

4 停止幻想，在真實生活中體驗愛

自戀式單身群體普遍**認為自己是獨特的存在**，在和其他人交往中很難接受他人對自己有任何一點不好的看法，並且根本不在乎對方是否理解或者喜歡他們，因為自戀式單身群體在乎的只有他們心裡「自己才是最棒的、最好的」，他們需要的是不停的恭維他們、崇拜他們的人，以滿足自己的虛榮心，而那些真心給他們建議的人，往往不會出現在他們的社交範圍內，但其實他們的內心是渴望愛情的，不過卻很少有人被他們吸引、願意與他們交往，因為沒有人會認為一味的自大，而看不到自己不足的人是成熟且值得交往的。

此外，自戀式單身群體會**習慣以自己的感受為主，而不去感受他人的情**

緒，甚至不覺得他人會有情緒，他們把別人都當作執行自己命令的人。因此，自戀式單身群體往往會因為很少設身處地替他人著想，或者同理心不足而漸漸的與身邊的人疏離，但是他們並不認為自己有值得反思的部分，反而會覺得是其他人不懂自己、無法理解自己，然後怡然自得的沉浸在自己的世界裡。

同時，自戀式單身群體**要求自己身邊的人，應該無條件的順從自己**，也就是說，無論是友情還是愛情，他們永遠都會處於優越者的位置，擁有很強烈的付出感，但是他們覺得自己不情願，並且要求對方對此進行回報，因為他們的這份付出並非出自真愛。因此，他們在親密關係中的自我衝突較多，反而一個人時較為自洽。

自戀式單身群體突圍指南：

- **愛就一個字**

自戀式單身群體也許不是需要一個戀人，而是需要一個懂他們的人，因為懂他們，所以會更加包容他們。真心愛他們的人會懂得他們「自戀」的外表下，那顆柔軟且容易受傷的心，也會懂得他們內心真正的需求。如果你是自戀式單身者，那麼你需要做的事情就是靜靜等待那個愛你、包容你、懂你的人，而那個人也願意靜待花開，看著你在愛中慢慢卸下偽裝。

•在真實的生活中體驗愛

自戀式單身群體如果想要結束單身生活，那麼**最應該改變的就是自己內心「過分的優越感」以及「自我陶醉的情結」**。

把自己對愛情美好的期待從幻想中抽離，主動走入現實生活中，接納真實的自我與真實的世界，學習與腳下的大地、與你身邊的同事、與人間煙火產生真切的聯結。

愛情需要真心、真誠、真切的體會對方的感受，並且感同身受，找到彼此適合的點，並且打破自戀的濾鏡，看到真實而不願意面對的自己，這既需要勇氣更需要契機，一個溫暖的愛人往往是前方照亮你的燈。

・愛需要在自我反思中成長

無論是對拒絕自己的追求對象不可遏制的憤怒，還是一味渴望或者要求曖昧對象為自己付出，都是因為缺乏對他人的尊重與理解。學習自省與自我反思，是自戀式單身群體成長的關鍵一步，而有的人一生都沒有邁出去這一步。當我們真正意識到自己的狀態，且在遇到真愛並願意交付時，這就是一個剛剛好的契機，我們可以在愛中改變。

・自我蛻變，你會發現全新的自己

每個人都是與眾不同的，愛情中的成長就是藉由戀人來實現自我蛻變，而且是在潛移默化中，春風化雨式的。有的自戀式單身群體在遇到真愛與懂得自己的人面前，盔甲頃刻化為煙雲，這需要向前一步的勇氣，也需要一點剛剛好的機緣。

最適合你的他是誰？

完美的人自帶自戀體質，
而他則是灑脫率性，
因為你的特別而被你吸引，
只為愛而全然接納你，
他會理解你自戀背後的怯弱，
你們會因為更懂得彼此而接近彼此。

＊＊＊

愛是一個動詞，
雙向奔赴的情感裡飽含著兩人的成長。
愛本身便是生活中的修練場，
當兩人看到彼此時，
勢均力敵的愛便產生了。

影視劇推薦——《澀女郎》

《澀女郎》是由朱德庸漫畫改編的都市愛情劇，在二〇〇三年四月[3]首播，迅速引發了收視熱潮。這部劇講述了四個不同類型的女孩子的故事。其中，萬人迷萬玲是大家眼中的尤物，是一個走路搖曳生姿、風情萬種的人，她將自己在愛情修羅場上的經驗，都總結成了眾多陷入愛情困惑的女孩們，夢寐以求的愛情寶典，例如，《大眾情人學習手冊》、《吸引男人三十六招》、《與男人分手的十大守則》、《對情人說謊的方法》、《二十種不能交往的男人》，姣好的外貌和豐富的實戰經驗，也讓她成了電視臺情感節目專欄的主持人「粉紅姊姊」。

然而在無數男人為之嚮往、無數女人為之妒忌的背後，她的生活過得並不

3 臺灣是二〇〇二年九月首播。

像表面那樣光鮮亮麗。

家境殷實的她放棄了在香港穩定的生活，從祕書、模特兒到百貨公司化妝品的專櫃小姐，萬玲換工作的速度也和換男人一樣迅速，因為這些拋頭露面的工作，會讓她更有機會遇到那個能配得上她的鑽石王老五。追她的男人數不勝數，她從來不缺追求者，卻總是沒有男朋友。

萬玲的百貨公司老闆對她並不「感冒」，卻利用她的美貌來對付難纏的未婚妻，最後愛上了顏值遠不如她的戀愛小白「結婚狂」。後來，明星李勇本來與她的戀情進展得十分順利，但李勇身邊又憑空冒出來個孩子，她又再次被迫分手，面對這樣的窘境，她也依然以做人中龍鳳、女中豪傑為目標，嚮往著上流社會的階層。

看似人間清醒的她千帆閱盡，得到的經驗卻全是血淚之談。但是最後，她還是愛上了一個真心待她，卻沒什麼錢的男人李白。

那個男人一看到她就緊張的說不出話，牽著兩隻冠軍犬，願意為她做所有事情。就連明知是萬玲的刁難，要「東海龍王角，蝦子頭上槳，萬年陳壁土，千年瓦上霜」，他都盡全力去做。萬玲想讓他知難而退，但他義無反顧。李白向萬玲走了九十九步，而最後一步，是萬玲邁向他的。

之前萬玲對李白僅是感動，但到最後，卻是完完全全的欣賞。**再強烈的喜歡都不該凌駕於自尊之上，不該為別人犧牲做自己的權利**。

李白讓她明白，原來自己需要的並不是高顏值、高情商、富裕多金的另一半，之前的諸多要求不過是她受傷後捍衛自己的外衣。她內心真實渴望的是一份簡單無保留的愛，建立在互相尊重的基礎上的相愛。我相信，聰明如萬玲，她最終還是想明白了寶典背後的道理。

第 7 章

對於感情，高不成，低不就——懸置式單身

一直在人群中尋尋覓覓，似乎永遠都找不到適合自己的人，最後成為被愛情「遺忘」的優質人群。

＊愛我的人我不愛，我愛的人不愛我。

＊愛情總有一道附加題。

＊兜兜轉轉愛情廣場空無一人。

＊我與理想愛情總差一公分。

1 我與理想愛情總差一公分

我們都期待擁有一段完美的愛情，希望能夠找到一個和自己情投意合的伴侶，可隨著年齡的增長，卻發現愛情不是幻想中的樣子，並不能像我們想的那麼美好。總有各式各樣的主觀、客觀條件，讓我們既找不到那個「適合」的人又無法將就，只能看著周圍的朋友一個接一個步入婚姻，而自己好像被「剩」下了。這讓我們很疑惑：我的要求也不高，只想找一個對自己好的人，怎麼會這麼難呢？

書瑜也有這樣的煩惱，長相姣好、性格開朗大方的她在朋友心中應該是最容易「脫單」的那一位，但挑挑揀揀到最後，她卻連個交往的對象都沒有。

書瑜自認為是個「顏控」，於是朋友投其所好介紹帥氣的男士給她，可是她卻覺得對方除了長得好看，其他方面都不行，尤其是工作太差了；朋友介紹工作好、收入多的男士給她，書瑜就覺得對方學歷低，與自己很不匹配；朋友介紹長相、學歷過得去，工作也不差的男士給她，書瑜又覺得對方家庭背景與自己不登對……。

就拿上個月剛與書瑜見面的張浩來說，張浩長相帥氣，有著穩定的工作、踏實的性格，父母都是醫生，家庭背景好，在朋友看來各方面都與書瑜很匹配，但是最終卻也不了了之。閨蜜娜娜恨鐵不成鋼的問她到底是哪裡不滿意，書瑜說：「他是很好，但我和他沒有共同話題，我說什麼話他都接不了，我們在一起很尷尬，完全聊不下去。」問書瑜想找個什麼樣子的戀人時，書瑜還是那句話，「我真的沒什麼要求，對我好就可以了。」

「對我好」三個字看似很簡單，其實包含了太多的隱性條件。書瑜作為一名優質女性，她本身的客觀條件是顯而易見的：外表靚麗；擁有碩士學歷；在大專任職，工作穩定；父母都是公職人員，家庭背景好……當別人介紹對象給書瑜時，如果對方的客觀條件與自己不太匹配，書瑜總是笑笑就岔開了。

在書瑜的認知裡，以結婚為前提交往，門當戶對是一個不可逾越的標準。所以雖然書瑜沒有明確提出自己對未來戀人的要求，但是她的「沒什麼要求」裡已經包含了太多的要求：年齡相當、學歷相近、家世良好、工作穩定高薪……而當對方符合這些外在的客觀條件時，書瑜又希望對方能夠理解自己的想法，與自己有共同的興趣愛好，能夠溫柔體貼，照顧到自己的每一個小情緒。

了解書瑜的想法後，娜娜感到又氣又好笑：「這樣的男人當然有，但是他們很難讓妳遇見。這樣的男人要麼早已結婚，要麼人家也有更高的追求呀。畢竟優秀的人總是非常搶手的。」

自己的要求真的高嗎？書瑜不理解，她只是想找一個差不多符合自己心意的人而已。前幾年時明明身邊還有很多這樣的男生，自己篩篩選選希望能夠找到與自己最契合的那一位，家人朋友也都說不用著急，自己值得更好的人，可是為什麼現在只是過了幾個生日，情況就變得截然不同了呢？「妳值得更好的！」變成了「就不能將就一下？」

書瑜進入了一個進退兩難的情景，按照自己現在的想法，她在現實中總是在不斷碰壁；而要讓自己降低標準將就一下，她的內心卻又十分不甘。

在高不成低不就的尷尬中，書瑜被自己束縛住了。

愛的附加題，總也做不完

現在有一個詞語非常熱門——高品質單身。顧名思義，有些人雖然羨慕情侶、羨慕愛情，但他們卻不輕易找對象。很多人信奉著「高品質單身勝過低品質戀愛」的理念，尤其是對於在工作崗位上奮鬥了很多年的女性而言，她們有著體面的薪水、成熟的心態、良好的交際圈，對愛情的籌碼也在隨著自身的進步不斷加大。這就是我們今天要分享的懸置式單身。

情竇初開時，我們很容易因為一個笑容、一個擁抱，甚至一個聲音，而迷戀上一個人，單純到沒有任何標準。隨著自我思想的成熟、自身條件的提高，對戀人的要求開始層層加碼。當「待轉正」的對象有錢時，就開始考慮學歷；當對方有錢又有學歷時，就開始考慮兩人是否志同道合。而在歷經千帆後發現自己仍是孤身一人時，不免發出疑問：「為何愛情不能來到我身邊？」

其實，愛情可能真的來過，故事中的主人公書瑜，前幾年的時候身邊還有很多追求者，但是就在自己的篩篩選選中，愛情被悄無聲息篩走了。

對於懸置式單身的女性而言，她們深知自身優點，因此在找對象時就容易抱有較高的期待。其實在愛情的社會學中，傳統的「郎才女貌」，郎才與日俱增，男性戀人的年齡相容性更強，職場上女性強者反而在婚戀市場上不占優勢。懸置式單身群體常常給自己出難題，也許並不在於解決難題的程度有多困難，而在於兩難——我們究竟適不適合？最後高不成低不就的狀態，為難了自己，也束縛了自己。

有個詞語叫「單身貴族」，也就是單身的人像貴族一樣尊貴。可是隨著時間的推移，過了懵懂戀愛的年紀後，心智越成熟，考量的事情就越多。可以問問自己要從愛情中獲得什麼，是單純為了得到一份愛，還是有愛的附加條件？妳愛上的究竟是這個人，還是他答的「附加題」？

白馬王子只存在於妳的「烏托邦」

「當我滿心歡喜的把我千般努力為妳綁好的捧花送到妳眼前時，妳卻告訴我，更想要我為妳畫一幅肖像畫。和妳相處這麼久，不禁讓我疑惑，難道戀愛也要『層層加碼』嗎？每次我感覺自己好像離妳更近一步時，妳卻總是告訴我，妳還想要我做更多。這座追求妳的愛情山，我實在登不了頂。」

在尋覓另一半的過程中，「書瑜們」的腦海裡好像總能出現新的要求，終於在一次次的嘗試後「勸退」了對方。每個人的心裡應該都住著一位完美的他，可是就像用手永遠畫不出完美的圓一樣，滿足自己全方位要求的另一半，可能只適合作為一個「靠近的標準」。

「懸置」已久的「書瑜們」，好像永遠困在了自己用心打造的愛情烏托邦裡，實踐著對感情的「完美主義」，在現實中不斷的畫出條條框框篩選著中意的他、給自己的感情不斷搬出新的門檻，換了又搬、搬了又換。好像永遠有著新標準的她，終於在一次次的「觸不可及」中否定了和他繼續走下去的可能。

對於書瑜而言，學歷、長相、家庭、性格、工作、愛好大抵永遠不是內心完美男友的全部，一句「沒什麼要求」應該也讓身邊人充滿了無奈。走不出這個可望而不可即的「完美的圓」，也就不可能遇到能夠真正走到一起的他。相信在「書瑜們」的生活經歷中，也會偶爾遇見讓自己感覺不錯的男性，但同樣也可以想像，一旦開始接觸，「書瑜們」一定會在不斷相處的過程中接連發現一個個「他」的缺點或不足，再次「懸置」也就成了「書瑜們」的最終結局。

追尋愛情當然需要靈魂契合、多方合適，但同樣也需要明白，他一定會存在某些方面的欠缺或不足，如果只因某一方面的問題，就全盤否定了他的一切，又有誰能符合要求，真正走到你心中呢？

有人說愛情終會成為親情，時間會充分證明，長久的感情一定會是一個彼此發現缺點，並且不斷磨合的過程，如果一開始便因某一方面的問題全盤否定，又有誰能在這場「愛情雙選」中成功牽手？生活教會人改變，對自己說改變是不再碰壁的最佳選擇，進退兩難不如另闢蹊徑，而這蹊徑就需要用不一樣的眼光和想法去發現。

不想一個人走路，就需要找一個同伴；不想忍受孤獨，就需要學會改變。不左顧右盼不會找到理想世界中的白馬王子，或許他只適合存在於烏托邦中。不想「懸置」，就要「落地」，那也就別再擔心鞋子會沾泥。

2

總是在尋找對的另一半

懸置式單身群體抱著「寧缺毋濫」的心態，一直在人群中尋尋覓覓，似乎永遠找不到適合自己的人，最後成為被愛情「遺忘」的優質人群。

・真愛一個人需要一點勇氣

懸置式單身群體之所以容易陷入高不成、低不就的境遇中，既與個性中的隨遇而安、內斂等有關，也與過去不成功的戀愛經驗、個人成長經歷，以及自我認知與評估相關。

例如，別人眼裡對他們的綜合評價是七十五分，而他們會給自己打八十五分，並追求九十分以上的戀愛。這十幾分的評價偏差，往往會影響愛情的走向。剛剛好的愛情其實不是一眼就能望到的，而是在相處中慢慢獲得的。

• 悲觀的謹慎

對於另一半，我們總會謹慎觀察，用內心的戀愛標準去衡量，這個人是否符合自己對另一半的期待。懸置式單身群體總說自己對戀人無標準，但往往隱含著更多的內在標準，他們可能總是說「沒什麼要求」、「對我好就行」，但真正面對另一半時，他們又會提出各式各樣的要求。

缺乏一個清晰、明確的擇偶標準，會令他們在擇偶時顯得隨意卻又框架多。面對綜合條件稍微不如自己的人時，他們會給予全盤否定；而面對適合自己的人時，他們又會覺得對方沒有達到自己理想的樣子而錯失機會。

• 與理想愛情差一點點

生活中一定會出現一、兩個和自己年齡相當、興趣相投、學歷相近，相處起來也較為融洽的人，但好像一談到要和他們談戀愛，懸置式單身群體就又會附加各種門檻，除了工作、家世這些客觀條件，還要細緻到觀察對方的生活、作息習慣是否與自己合適，而這其中如果有一條不滿足他們的要求，他們便寧可單身。

愛情需要「不將就」本身並沒有錯，但在「將就」與「不將就」之間還有一個空間。**愛情需要「抓大放小」**，「大」指原則性、不能妥協的問題，如人品、三觀、本質等，「小」則是一些無關緊要的個人習慣。沒有百分百合適的情侶，也沒有為你量身打造的戀人，一個人只要符合你對伴侶要求的八〇％就足夠了，剩下的二〇％需要兩個人互相磨合和相處。

3 好的愛情，也需要給彼此空間

心理學家卡爾・羅傑斯（Carl Ransom Rogers）認為：活著是一種專業，愉快的活著是一門學問，愛是深深的理解與接納。

在現代快速高壓力的生活環境下，悅納[1]自己、接納對方越來越成為一門技術，給對方留出一點空間，給自己一點機會，增加彼此的了解度、相容度、接納度，越是經濟獨立、知識層次高的人，對自己和對方的要求也就越高，在居高不下的雙高壓力下，年齡也在悄悄攀升，而高品質單身的性別際遇並不完全相同。

婚戀市場中的女性隨著年齡的增加，其競爭力總體在下降，而女性天性中的慕強[2]心理，使女性在戀愛這件事上的相容性較弱；經濟的獨立必然帶來女性的不妥協與不遷就，與此同時社會競爭壓力的增加，使得優質單身男女相見與相處的機會變少；社會文化對單身男性的包容度更高，使他們有更多的機會等待愛情來敲門；有些男性的心理相對晚熟，且慕美心態使其更願意尋找合自己心意的女性；這樣適配的單身男女，在現實生活中往往會擦肩而過。

愛就是不遷就，願意你成為想要的樣子，但前提是我們要真心投入其中，從年少時的奮不顧身，到心理成熟時的駐足彷徨，也包括我們的心路歷程，來自心理上的自足感、豐滿感。

先從「一個人剛剛好，兩個人很冗餘」的狀態中向前一步，才能突破自我認知限制，看到更加開闊的天空，遇到更加美好的未來。

1 高興的接納、接受東西或人。

2 指敬佩、崇拜、喜歡比自己優秀的人的心理，從而會讓自己的目標也變得苛刻而遠大。

4 世界最遙遠的距離是，我就在你面前

宋朝詩人陳師道在《宿柴城》一詩中寫道：「起倒不供聊應俗，高低莫可只隨緣。」意思是說高者無力得到，低者又不屑遷就。這種想法和心態恰恰映射在懸置式單身群體身上，這句話背後也凸顯出了這類群體的情感走向。

微笑面對身邊的每一位親朋好友，可一旦談及感情問題，懸置式單身群體就不那麼急切了，其父母倒是心急火燎，到處牽線搭橋。對待感情他們並不想如此草率，即使面對追求者的關心愛護，他們也會用「三綱五常」似的隱性條件默默為其打分。如果對方低於自己的期望值，或者是對方某些條件無法滿足自己的要求，便會被排除在自己的選擇之外。但若是對方各項條件都很符合自

己的要求，他們在欣喜之餘也會有所顧慮，自己是否也能夠達到對方的要求？對方是否也會透過給自己打分數來進行選擇？

因此，懸置式單身群體一直在等待和抉擇中度過，邂逅機會、等待最佳資源匹配。可是在這個社會中，個人優質資源有限，哪有那麼多的如意搭配。更多的大齡男女因為不想遷就，有的抱著寧缺毋濫的心態，就這麼一直熬著。

看看那個真實站在你面前的人

在面對可選擇的交往對象時，不妨試著先不拒絕，嘗試交往，比如，雖然他可能沒有那麼強的工作能力，但他似乎是個顧家的好男人。如果換作別的男人，也許妳會更不喜歡。

物以類聚，人以群分，**當你希望遇到一個優秀的人之前，請先確保自己足夠優秀**。

・放下標籤

每一份純真的愛情都是價值連城的寶物，無法用任何單位來衡量。想要得到愛，需要付出的是一顆能夠感受愛的真誠之心。懸置式單身群體往往會在自己身後藏一張號碼牌，上面寫著在愛情市場上自我的評估分數。

面對異性時，他們會不自覺的以學歷、年齡、工作、家庭背景等標籤，來衡量對方是否符合自己的要求，並對其打分。要知道，影響幸福的重要因素往往不是這一張張被明碼標價的標籤，不如看看藏在標籤身後的那個真實站在你面前的人吧。

・在關係中成長

心理學家威廉・詹姆斯（William James）說過：「人類最深處的需要，就是感覺被人欣賞。」愛人與被人愛，也是一種成長，當我們為愛留出一個空間時，可能會與愛情撞個滿懷。

•適度謹慎，抓住時機

就像這個世界上沒有兩片完全相同的樹葉一樣，這個世界上也沒有完全相同的兩個人，因此，想找到一位彷彿為自己量身訂製的另一半，是一件很難的事情。凡事都有個度，試著改變自己一層又一層篩選式找對象的模式，學習「抓大放小原則」，可以試著去接觸一下八〇％符合自己預期的異性，不要因為那二〇％的「小」就將對方拒之門外。時機也很重要，一次又一次的嘗試，你可能就會找到那個合適的人。

最適合你的他是誰？

能讓愛落地的，
是那個看似笨拙樸實卻清醒的他，
他有著明確的戀愛目標。
那個在愛情中人間清醒的他，
可以讓你「安全著陸」。

＊＊＊

愛情不是恰恰好的乍見甚歡，
而是日益親近、久處不厭。
兩個擁有成熟人格的個體，
會在慢慢相處中打開心扉，
接納彼此，共建美好。

影視劇推薦——《父母愛情》

《父母愛情》是由孔笙執導，郭濤、梅婷、劉琳等主演的家庭情感劇。該劇主要講述了海軍軍官江德福和資本家小姐安傑相識、相知、相愛、相守的五十年愛情生活。

劇中四十年堅守無愛無性的葛美霞，與安傑一樣同為「出身不好」的知識分子，兩人的命運卻截然相反，葛美霞高不成低不就的錯過了最好的婚嫁年齡，活得小心翼翼，一直夾著尾巴做人。而最令葛美霞羨慕的安傑，卻嫁了能給她遮風擋雨、讓她活得無憂無慮的丈夫。

某種程度上，江德福成了葛美霞的「理想型」，葛美霞想嫁給一個能讓她獲得名分和物質，能為她遮風擋雨又能護佑其左右的男人。葛美霞對待婚姻，從來沒有降低過標準。她和安傑一樣，都是自命清高又不肯受命運擺布的人，一般人都無法入她們的眼。

葛美霞受出身的影響，在島上願意娶她的人少之又少，再加上她挑剔的眼光，要擁有婚姻更是難上加難。所以安傑認識她時，她已經是島上出名的「老姑娘」了。連王振彪的兒子王海洋都笑她：「也不看看自己是誰，還挑肥揀瘦，人家不嫌棄她就不錯了。」面對島上的風言風語，葛美霞不是聽不到，但是她從來沒有因為這些言語就改變自己的初心，降低標準嫁人，以堵住悠悠之口。

她熬過困苦，等來了老丁，他幾乎是她人生中可接觸到的最好的對象。恢復教學工作的她，勇敢的和老丁戀愛。兩人談婚論嫁，那大概是她盛年生命最絢爛的時光。

可是美好僅曇花一現，在王振彪從中作梗下，老丁臨陣退縮，葛美霞的盛年之花快速凋零。後來，島上來了才華橫溢的夏老師。夏老師擅長繪畫，對教美術的代課老師葛美霞而言，擅長繪畫簡直就是鑲著金邊的夢想。

「人少，則慕父母；知好色，則慕少艾。」[3]情感生活匱乏的葛美霞，就像少女一樣情竇初開，愛戀上了夏老師。但夏老師是有家室的，這阻擋了葛美霞的第二段感情的發展。人生過半，連江德華都在胡攪蠻纏後，如願以償嫁給了她愛的老丁，而安傑的幾個孩子也已經陸續長大成人，葛美霞卻依然孤身一人，在小島上煢煢孑立[4]。

這時王振彪的妻子張桂英病故，早已離島的王振彪迅速託人，向還在島上的葛美霞發起結秦晉之好的邀約，葛美霞毫不猶豫的答應了。

葛美霞嫁給王振彪，離開小島，在人生的下半場，終於過上了她曾經渴望的日子：有一個大大的院子，布置得別致雅靜，她悠閒的坐在亭子裡，喝著咖啡，一如當年第一次在安傑家喝咖啡那樣。

---

3 出自《孟子．萬章上》，意思是人在幼年的時候，就敬慕父母；長大後就懂得追求女色，便渴望年輕美貌的姑娘。

4 煢音同窮，形容人孤苦伶仃，沒有依靠的樣子。

第 **8** 章

為避免結束，拒絕開始——社恐式單身

常常因為羞澀、焦慮、擔憂等社交情緒而錯失良緣。

＊與異性約會對我而言是一件特別困難的事情。

＊我在心裡演練了一萬遍，可是當他出現時，我依然沒有勇氣邁出那一步。

＊雖然羨慕那些甜蜜愛情，可我就是沒有勇氣。

＊我暗戀的人坐在身邊，可我不能向前挪動一步。

1
臉紅是基本、生人靠近只想逃

子軒是一家公司的技術員，工作認真，從不搶風頭，總是一個人默默的做事，這讓同事覺得他是一個很可靠、踏實的人。但只有子軒知道，自己好像自帶天然的屏障，想將所有的人與物都阻擋在外面，一旦有人接近，就會莫名緊張，心跳加快。

上學時，子軒就獨來獨往，每天往返於宿舍、食堂、教室，沒有其他的社交，迫不得已參加班級活動時，子軒總是一個人默默的待在角落玩手機，盡職盡責的做著一個「隱形人」；工作後，子軒又成了防控條例的堅決擁護者——非必要不聚集，能打字聯繫就絕對不打電話，路上遇到認識但不算熟的同事，就算多繞路也想要避開，因為真的不知道如何與不太熟的人打交道，一開口就會覺得很尷尬、很彆扭。

盡量避免與不熟的人交際，更喜歡自己獨處的子軒，把這種狀態也反映到了感情中。上大學時，子軒喜歡同班一個女生，那個女生看起來就是很擅長交際的類型，她性格活潑善言談，與誰都能打成一片。子軒腦海裡不止一次想過主動與那個女生打招呼，慢慢的和那個女生成為朋友，最後告白。但是真的遇到那個女生時，子軒就變「慫」[1]了，無數個擔心的問題從腦海裡跑了出來：突然找她，她會不會覺得很尷尬？搭訕之後她覺得我很無聊怎麼辦？

腦子裡想要搭訕，可子軒的身體卻不斷在逃離。去超市時遇到她，子軒也會默默的躲在一邊，不但不敢上前打招呼，還害怕對方發現自己；坐電梯時遇到她，子軒寧可爬十五樓，也沒有勇氣和她共處同一部電梯中，因為害怕不知道說什麼而導致自己十分不安。

更讓子軒想要「原地去世」[2]的是，有一次那個女生沒來上課，子軒拿起手機想傳個訊息關心一下，卻由於緊張而不小心按到視訊鍵，那是一種什麼感覺呢？心跳加快、掌心出汗、手足無措，大腦一片空白，子軒憑藉習慣按了取消之後，才慢慢的緩解下來。

隨著年齡的增長，家人開始操心子軒的婚姻大事，畢竟空閒時間都待在家裡，怎麼可能會認識到合適的異性呢？於是家人都勸他多出去走走，認識一下新朋友。但每當聽到這些話時，子軒就處於一種放空的狀態，這些外界的訊息被他自然的屏蔽掉。

面對這種情況，子軒的父母很著急，這些年來，他們請家人朋友給子軒介紹了好幾位相親對象。子軒也算配合，加了好友後聊得還不錯，但是每當對方想碰面約會時，子軒就又變得焦慮起來，腦子裡胡思亂想，拿著手機不知道該說什麼，見面後該聊些什麼？見面後她會不會覺得我過於木訥不善言談而討厭我……這種焦慮不安的感覺讓子軒無所適從，最終還是找藉口拒絕碰面約會，

1 認輸、退縮。
2 表示非常尷尬。

當看到對方發來的「沒關係，下次約」之後，子軒就會產生一種如釋重負的感覺。但是，這種迂迴的拒絕多了，對方也就不再繼續傳訊息給子軒了，子軒依然單身一人。

有一次，子軒的兒時玩伴銘看不下去，找子軒出去吃飯，中途把同事欣怡叫了過來，想要介紹給子軒認識。只和銘在一起時，子軒的狀態還不錯，畢竟他們是從小一起長大的朋友，對彼此非常熟悉，但是當銘打電話後說自己的同事就在附近準備過來時，子軒就開始變得很緊張，尤其是知道來的還是個女生，銘的意圖昭然若揭，子軒突然心跳加快，默默的祈禱這個女生突然有急事來不了。

但欣怡很快就過來了。一看到身材高挑的欣怡後，子軒的臉立刻紅了，而兩人不經意的對視讓子軒感覺更緊張，子軒手足無措，完全不知道眼睛該看哪裡、手該放在哪裡，子軒假裝喝水，可是拿起杯子的手都在顫抖。

欣怡坐下後開始聊天，除了最開始銘介紹子軒時，子軒點了點頭外，後面一直低著頭，幾次想要找話題，但總是開不了口，感覺自己完全插不進話。最後，就在子軒的不安中吃完了這頓飯，而從頭到尾，子軒和欣怡都沒有過多的交流。

為自己貼上反向標籤

你是否越想認識新朋友，腳越像灌了鉛似的邁不開？別人可以和異性談笑風生，而你一開口就結結巴巴？當手機已經打好一串表白的話時，又默默的一個字一個字刪除？在滿是社交達人的環境裡，你只能待在角落，獨自悲傷？你是真的不想交友，或是真的不願意給別人機會？其實不然，只是當社恐來臨時，又如何抵達幸福呢？如果社牛[3]是時刻綻放精彩，社恐就是「請讓我

3 「社交牛逼症」的簡稱，指不懼怕他人眼光，也不擔心被人嘲笑，放下包袱、放飛自我的狀態。

獨美」；如果社牛是讓別人嘆為觀止，社恐就是讓自己瑟瑟發抖；如果社牛是「只要我不尷尬，尷尬的就是別人」，社恐就是「我是誰、我在哪裡、我要去哪裡」。

社恐的人，害怕談戀愛、害怕接觸異性，害怕結束與分離，所以他們寧願不開始。也許你認為，「我一個人生活一個人走路，我完全屬於我自己，不需要趨炎附勢、不需要世俗化，我只需要做自己就好了」，但人最終要學會和世界和解，才能成為更好的自己。

要想擺脫社恐式單身，你首先要明白自己恐懼的是什麼。故事裡的子軒，害怕和所有半生不熟的人交流、對心儀的女生表白，甚至一句最簡單的「妳好」都無法張口表達。社恐的你，要明白自己在恐懼什麼？是恐懼所有有人的地方，還是恐懼特定的人、特定的場景，還是那個令人心動的女生讓你無法開口？當明白自己恐懼的點後，再來思考一下為何自己會社恐？是對自己沒有自信，認為自己無法 hold 住那個優秀的他？還是害怕自己的節奏被打亂，不敢面對未知？

其實每個人都習慣把優點表現出來，隱藏缺點，他想展示的一定是想讓別人看到的那一面。學著反向「自我標籤化」。衝破恐懼不是一件一蹴而就的事情，你的安全感需要你不斷朝著害怕的地方前進，從而克服它。當你覺得自己膽小、自卑、害怕時，要給自己強烈暗示：「我可以的！」然後朝著反向標籤「膽大」、「自信」、「無畏」的方向前進，汲取反向標籤的力量。

種一棵樹最好的時間是十年前，其次是現在。願你衝破孤獨，打破恐懼，收穫幸福。

勇敢為愛衝鋒

往前一步是幸福，退後一步是孤獨，原地踏步也會在愛情的道路上空空皆無。在找到所愛之人、尋覓終身伴侶的旅途中，總歸還是少有完美的體驗。而社交恐懼，則是困擾許多人的一大難以克服的困難，這往前一步的跨越，對社恐人士來說，是如此的艱難。

如果說經營一場好的戀愛需要雙方共同的努力，那麼抓住自己的愛情契機則更看重開端，那一份勇氣和那一場精心策劃。缺乏了這份追尋愛、抓住愛的勇氣，連為自己喜歡的人準備一場精心策劃的驚喜的機會都沒有，這份藏在心底的或獨自歡喜、或彼此滿意的情感，也就沉溺在一方，又或是雙方的沉默間，最終因為社恐而將愛情之花的種子，永遠埋藏在地下。

獨來獨往的「隱形人」子軒，也是很多社恐人士的真實寫照。活在自己熟悉的環境中或許給了他一時的安全感，卻也扼殺了他更為廣闊的機會，社恐到底還要讓你沉默多久？在這個每個人都在極力彰顯各自精彩和無可替代的時代，偏安一隅於自己的內心世界，終究會被人流擠在隊尾，愛情，也當如此。

對社恐人士而言，或許欠缺的並非能力、外在、基礎等，甚至或許命運給了他們一個很好的開局，讓他們在人生的各段路途中平平順順，然而當遇到那個心裡心動的「他」時，卻終究沉沒於自己的「恐懼交流」，這份幾乎融入骨子裡的社恐，終是掩蓋了其他方面的色彩，讓那個「他」不知你的心意、讓那個「他」從你身邊悄悄的溜走，留下社恐人士甚至鬆了一口氣似的回應。如此這般，愛從何來？

子軒在面對心上人時身體不自主逃離、誇張到「原地去世」的尷尬偶遇、在和心上人偶有交集時的心跳加速，甚至手心出汗，大抵刻畫出了相當一部分社恐人士的戀前狀態，如此這般的社恐，或許對方早已看在眼裡、了然在心，也早已給子軒打上了拒絕的標籤。這份愛，終究不是社恐人士能夠承受的。嘗試改變、接納勇敢，在循序漸進中慢慢回到追尋愛的道路上，或許是一個迫在眉睫的選項。

愛情有很多種開場，給所愛的人一份動心又大氣的開端，是一份胸懷和能力，也是表達內心所愛的不二法門。不要做唯唯諾諾的情感後進生，要在追尋「他」的道路上勇敢為愛衝鋒！

2 在渴望愛與害怕愛中掙扎

社恐式單身群體是指因為性格或生活經歷造成的社交恐懼，從而影響正常戀愛交往的部分群體。他們常因為羞澀、焦慮、擔憂等社交情緒而錯失良緣。

‧我擔心的是他人對自己的嫌棄

社恐式單身群體往往更願意一個人面對自己，甚至喜歡在虛擬的世界裡歡騰跳脫，而在現實世界裡則表現得靦腆退縮。他們過分在意別人的評價，對自己有太多理想化的要求，如果自己在哪裡表現得不好就會耿耿於懷。所以即便有心動的人，也會表現得按兵不動，他們擔心自己的言行會引起對方不好的想法，從而遠離自己。

他們一直在渴望愛與害怕愛中掙扎，不停的懷疑自己的價值：我值得擁有幸福嗎？我有能力去愛別人嗎？這些擔心、憂慮使他們害怕被拒絕而選擇不開啟一段戀情。他們為想像的自我制定了一系列標準，而現實的自我往往無法達到這些標準，致使他們內疚自卑、自怨自艾，花盡力氣對抗自己的這些「不完美」，結果走入惡性循環，越對抗越不接納真我，產生了巨大的心理內耗。

・我想要的，我可以自給自足

還有一類社恐式單身，可能源於童年習慣與家庭自我循環，致使他們與外界交流較少，再加上網路時代的到來，一個人與世界的距離就是與手機的距離。對於一個成年人來說，當你足夠全面的了解社會規則，對自己有清楚的認知，你就不會內心慌張的面對這個世界，因為現實世界絕對不是非黑即白，人的情感往往都落在起起落落之間。

而孩童時期心智還未發育完全，如果在這個時期內心渴望的關注、需求未被滿足或是行為不被肯定，就容易導致其對自我、對社會的認知偏差。會表現出害怕被拒絕，不敢與人交往。所以成年後，他們猶如遁入空門、孤傲冷僻的隱居士，不樂於主動社交，認為所有需求都可以自我滿足。這類人可能會在學習工作中有好的成績，因為他們專注於自己做的事情，而在感情方面，卻難以有所突破。

• 我不想要的，選擇隱遁

社恐式單身群體的恐懼，並不是因為現實境遇有多麼的糟糕，而是他們想像的結果過於糟糕，這或許是源於過往的創傷經歷，也或許源於性格。在交往過程中，他們會不斷猜想：他會不會覺得我很無趣？我可以帶給他什麼？有朝一日他會不會離開我？這些可能發生的糟糕情況，引起了他們內心的恐懼、擔憂和焦慮，觸發了他們的自我保護機制。為了不讓想像中的糟糕情況發生，他們會有選擇的遮罩周圍的部分社交，不知不覺為自己建造了一個桃花源。

3 害怕受傷，也怕傷到他人

社恐成為一種現象級表徵。人類發展到今天，電腦對人腦的模擬程度已經達到某種高度，但是人與人之間的交往、表達情感是社會功能的重要組成部分，近年來，隨著電子媒體與個人網路的普及，很多人愛上「宅」生活，愛上「與自己相處的時光」，事實上，沒有人天生社恐，因此社恐都是後天在社會生活中習得的。

一、社恐是一種現象，背後的原因不盡相同，有的人「特定社恐」，比如，只對異性社恐，這通常與糟糕的過往經歷相關；有的人「總體社恐」，凡是與人接觸的工作都想要迴避；還有的人是「選擇性社恐」，比如，對自己不喜歡、不擅長與之交流，或者與其交往會令他不高興的人選擇逃避。在潛意識中，他們擔心被嫌棄，因此選擇不出現。這樣既避免過多的心理損耗也維護了自尊。

二、凡是社恐的人，其實內心是對關係極度渴望的，因為擁有極度的渴望就會選擇極度逃避，從認知層面理解關係的重要性，比解決關係的策略更為優先。在意識層面，我們發現這類個體與他人關係聯結的困難，我們總期待可以從關係聯結的策略上，教社恐的人一些易學好用的方法，事實上，這些方法他們都懂。而在潛意識層面，恰恰他們認為一段關係無比重要，才會更擔心在關係中的糾葛甚至交錯，擔心自己受到傷害，也怕傷害到他人，因此不自覺的採取迴避的態度。

三、在婚戀關係上選擇性社恐的人，往往會有過往情感關係中被拒絕、被冷淡、被拋棄、被嫌棄的經歷，這種不舒服的心理體驗會牢牢的記在他們心中，其認知結構更傾向於人際關係的負性[4]體驗與加工，這樣負性認知形成的刻板印象會直接影響現實判斷。

四、自體感[5]的不豐滿。社恐的人對自我概念、自我形象、自我評估等都無法維持在穩定狀態中，他們會非常在意自己的感受，既擔心傾心付出時被辜負，不願意在戀愛場所不自覺的討好他人；也擔心在戀愛場所被拒絕的尷尬，極易在避免攻擊他人而迴避，與自我攻擊之間來回切換。

值得推薦的做法是：對自己有一個穩定的自我認知，可以向前一步探索親密關係，然後從與他人的關係中獲得正向回饋，形成更加豐滿的自我認知，這樣的自我突破需要從潛意識啟動而非意識層面獲得。

4 指缺乏尋常人應該擁有的特質。
5 指當下感受到的主體感受。

4 愛情，不是等來的

單身久了，社恐式單身群體會慢慢發現自己在面對陌生異性時，想接觸但又不知道怎麼去搭訕，久而久之再遇見異性就想要快速逃離。

社恐式單身群體可能是一個高冷的皮囊中，藏了一個孤獨的靈魂，錯誤的或者片面的自認為「社交恐懼症」。

其實這本質上是對於社交場合充滿抵觸之心，主要源於我們對人的不信任、自身的焦慮及不安全感：無論在哪都會害怕遇見熟人，與對方打不打招呼都會覺得很尷尬；無論一個人走在哪，總覺得有人在盯著自己看；害怕主動和人說話，一說話就臉紅；無論在什麼場所，都會選擇待在沒人注意到的角落；

不喜歡參加各類飯局，不喜歡新的環境。

因社恐而單身的群體，總是敏感又多疑、膽小又怯懦，總是想要開始又害怕受傷，總是憧憬著愛情卻在愛情面前毫不猶豫的逃離。或許這樣確實規避了許多傷害，可是也會在無形中錯過了許多可能不錯的人：朋友聚會、公司聚餐、朋友刻意安排的「相親局」，全部拒絕；堅決不給自己機會去認識異性朋友、堅決不給他人機會進入自己的生活，還會認為這樣的聚會特別無聊，總以為自己可以遇到那個和自己心意相通的人。

還有很多社恐的單身群體，開導別人時總是很有一套，道理都懂，就是勸不了自己。在網路上和朋友聊天時，說得頭頭是道，不亦樂乎。可是當真正在現實生活中面對異性時，他們卻假裝高冷，一句話也不說，恨不得表現得就像不存在一般。但是往往這樣，會錯過許多和不錯的異性交流、交往的機會。

無論是你喜歡的那個人，抑或是喜歡你的那個人，首先都需要相識，都需要機會了解，而不是什麼也不說，什麼也不做的空等著，**愛情也絕不是等來的，如果你認為有，那絕對是某個人處心積慮的接近。**

從自己封閉的心中走出去

詩人顧城說：「你害怕結束，所以拒絕一切開始！」所以，社恐人可以嘗試**給自己機會去認識新的人，給他人機會走近你、認識你、了解你、熟悉你，只有這樣，才有機會遇到那個你喜歡的，剛好也喜歡你的人。**

社恐式單身群體突圍方法：

・分析自身的焦慮與恐懼

事實上，「社恐」這個詞是一個籠統的概念，它包含了無數方面，對應到具體的人身上又是不一樣的情況。你需要想明白，自己是在焦慮和恐懼什麼？對普通的社交場合，自己就會感覺恐慌，還是僅限於在異性面前放不開自我？這兩種情況雖然都被稱作社恐，但性質卻是不同的，明白了自己的社恐類型後對症下藥，可能會收穫更好的結果。

然後，你需要想明白自己恐懼的原因是什麼，是發自內心的不喜歡與人交往？還是內心深處的自卑心理在作怪？梳理原因並積極的尋找對策，讓「社恐狀態」無法滋延蔓長。

・積極進行心理暗示，與恐懼一點點和解

因為不喜歡與人交往，或是對自己的信心不足，所以社恐。又因為社恐，所以更加討厭與人交往，自信心也逐漸下降。陷入這樣的循環不僅不利於脫單，時間久了，對我們的身心健康發展也會產生不利的影響。不要將「我是社恐人」這樣的思想刻在腦海，要給予自己正向的心理暗示，從自己封閉的心中走出去，學會融入人群，逐漸打開心結後，與人交往就會變得自然。

・尋找自身優勢盡情展示

社恐人群大都有一個優勢，就是**心思細膩**。正因為社恐人群不擅長用說的，因此比起說，他們更善於用看的，這樣善於觀察的生活習慣，使得社恐人

群的共情能力[6]比較強。在與異性相處時，不妨將自身的這種優勢利用出來，透過細節展示自身魅力。有時候，不經意的小事更容易打動人心。

6 指一種能設身處地來體驗他人處境，從而達到感受和理解他人心情的能力。

最適合你的他是誰？

那個看起來慢熱的他，
卻有著不可動搖的耐心，安靜的等待著你。
這個人也許很平凡，但人格極其穩定，
他會帶給你高度的安全感。
當降落傘打開時，風景才會在你面前有最好的展示。
在愛的保護傘下，你會感覺到自在與安全。
此刻，愛情的花慢慢綻放。

＊＊＊

你的敏感與自尊本身便是獨特的魅力，
自然會吸引懂你的人。
你只需要打開內心，
向前一步，幸福就在前方。

影視劇推薦——《壁花男孩》

《壁花男孩》（*The Perks of Being a Wallflower*）是根據同名小說改編，由史蒂芬・切波斯基（Stephen Chbosky）執導，由羅根・勒曼（Logan Lerman）、艾瑪華特森（Emma Watson）和伊薩・米勒（Ezra Matthew Miller）等領銜主演的劇情片。

影片講述一個孤獨的少年在自我世界尋找出口的故事，細膩的剖析了青春期男孩在性和生命價值等方面的困惑。

片中的主人公查理學業出眾，但無法和他人打成一片，不管是什麼樣的交際場合，他永遠是那個像壁花一樣，坐一旁默默注視著一切的局外人。內向又自閉的他，只能透過書信和虛擬的朋友溝通內心的想法，這樣一個從高中開學第一天就默默倒數計時逃離高中地獄的人、一個數次在英語課堂上知道答案但從不願主動舉手回答的人、一個被同學辱罵並搶走作業的人、一個在說話前會狠狠嚥下口水、眼神局促不安的人，卻幸運的遇到了和藹的英語老師，和善良的高年級兄妹派翠克和珊。

那個總是習慣站在角落的少年，開始逐漸懂得，你不只需要圍觀，還需要參與進去，才能體會到真實的快樂。派翠克會在派對上舉起他的手，向所有人介紹，他是個值得結交的新朋友。珊會和他討論著品味相投的音樂，並放肆的站在車上，享受隧道裡飛馳的青春。慢慢的，查理有了一起吃午飯的夥伴，他們能在派對上喝多之後自如的開著玩笑、能在看朋友戲劇表演時和觀眾一起歡呼、能在英語課堂上勇敢的表達自我想法，查理發現自己好像不再需要和那個虛擬的朋友寫信了。

隨著相處的逐漸深入，查理喜歡上了美麗善良的珊，但是珊已經有男朋友，愛慕珊的查理，只能以朋友的身分關心和幫助她，甚至幫助珊考上了她夢寐以求的大學。而面對另一個主動出擊的女孩瑪麗，查理並沒有拒絕，可是儘管瑪麗是一個很不錯的朋友，但是作為戀人，查理無法真正愛上她，抑或是，在他心中，珊才是那個不可替代的人。

此時的查理是無助的，社恐的毛病彷彿在親密關係中又被無限放大，對於瑪麗無間斷的電話、過度追求親密的相處模式，查理選擇把這些反感嚥進肚子裡。青春的「狗血」也在於此，查理在一次「真心話大冒險」的遊戲中，被要求親吻他認為在場最漂亮的女生時，他毫不猶豫的親吻了珊，在畢業季，查理和珊也終於向彼此表露了內心的想法。

當珊問查理：「為什麼從來不約我出去？你所希望的是什麼？」查理回答道：「我只是覺得妳不需要我約妳出去，我只希望妳幸福。」可是對於珊而言，她需要的不是查理傻傻的坐在那兒不動，最偉大的愛情不是先考慮別人再考慮自己，而是需要有生命力的表達，畢竟誰也不想做被暗戀的對象。

▲電影《壁花男孩》預告。

第 9 章

我的情人是偶像
——虛擬式單身

容易陷入情感的自我感動、自證預言、自我說服中。

＊我愛的是完美偶像在我心中的映射。

＊我的愛情是一場夢，可是我長夢不醒。

＊我幻想自己可以遇到偶像那樣的人，可我總是失望。

＊我特別擔心偶像人設坍塌。

1 追星是她活著的唯一證明

出生在高知識分子家庭的佳佳，是一個知書達理的女孩，她在父母無微不至的照顧和庇護下長大，但她的生活無時無刻都充滿了極致嚴苛的「生活守則」。從就業、擇偶甚至到買房，父母彷彿成了她生活的主人。

也許是生活在這樣一種「不真實」中，佳佳的現實感很弱，每次部門聚會時，她都是默默的選擇坐在角落的位置。她講的每一句話都讓人無可挑剔，無論何時她總是保持著最端莊的微笑。然而，這樣「規矩」的女孩背後卻有另一種身分——「狂熱的追星族」。在ＩＧ上，佳佳一年也發不了一則限動，但在臉書上，佳佳卻每天定時到粉專簽到，為偶像打氣。

從大學開始，佳佳就瞞著父母，一次又一次的坐上飛機和高鐵，輾轉各大城市，就業後，佳佳甚至可以通宵不睡後回來繼續工作，而這一切，只為看一場三小時的演唱會。

「你有沒有愛過一個遙遠的人，他從來都不讓你失望。他是你的勇氣和力量，他永遠是年輕的、美好的、光芒萬丈的。他永遠在那裡，好像信仰一樣。」、「我有時候覺得追星的感覺真的很像談戀愛，日夜為他打氣，如果這還不叫愛情，那什麼叫愛情？」有時，佳佳會恍惚認為，自己好像就是舞臺上那個人的另一半，聚光燈也只照著他們兩個人，彷彿這一場盛大的演出只為她而來。

像許多追星的女孩子一樣，有時看著身邊熟睡、不修邊幅的男友俊豪，她會陷入「我到底需不需要談戀愛」的困惑中……俊豪和佳佳是大學同學，畢業工作穩定後，雙方就見了家長訂婚，沒意外的話年底就要結婚了。俊豪知道佳佳是狂熱的追星族，雖然對於女友喜歡男明星這件事有些介意，但俊豪還是幫她隱瞞家人，平時也會幫她搶演唱會門票，但今年發生的一件事，卻讓他們的關係走向了破裂。

不知從何時開始，粉絲團中悄悄開始流行穿婚紗去看偶像演唱會，在粉絲團的鼓動之下，佳佳也買了件婚紗準備穿去看演唱會。正當她興奮的對俊豪說著這件事時，一向支持她的男友卻大發雷霆：「我是妳的男朋友，我們是見了家長訂了婚的，婚姻對我來說一輩子只有一次，我承認妳穿上婚紗很漂亮，但我希望妳第一次穿婚紗是為了我！」

佳佳不理解，想到舞臺上閃閃發光的偶像，又想到平時不修邊幅的男朋友，她甩下一句：「關你什麼事！」就跑開了。

俊豪氣不過，向佳佳提出了分手，事情就自然而然的鬧到了父母那裡，佳佳的父母對一向乖巧的女兒，竟做出這樣「叛逆」的事而感到難以置信，要求她向俊豪道歉，佳佳覺得這件事沒什麼不對，甚至覺得他們的婚姻本來就不匹配，覺得俊豪各方面都比不上舞臺上的那個人，她這輩子就算「孤獨終老」也無所謂。

佳佳的閨蜜認為虛擬與現實總是要分開的，勸她趕快道歉。可是佳佳彷彿被下了魔咒一般，堅決不低頭，覺得追星是她活著的唯一證明。直到有一天，佳佳在微博熱搜上震驚的發現——她的偶像與一位女性的親密照，她覺得兩眼一黑，彷彿這些年的堅持都是笑話，佳佳終於發現了自己眼中的「真愛」，其實是一種假象，最後會讓自己遍體鱗傷。

一場逃避現實的夢境

正如植物需要吸收陽光才能茁壯生長，愛情也是需要有陽光滋養的。有這麼一類群體，他們信奉著「我遠遠的看著他就夠了」、「有偶像就有愛情」的理念，遙不可及的他是他們生活的全部，但是走入陽光下，當感情被看完演唱會後的失落填補，愛，還是那份理想的愛嗎？對於虛擬式單身的人而言，最需要區分的就是虛擬和現實。

很多虛擬式單身的人都離不開他們自己的「精神支柱」——那些虛無縹緲

而又無法割捨的「星星」。故事裡的主人公佳佳，從小到大都住在父母搭建的「城堡」裡，追星可能是她自認為最叛逆的事，她的價值觀和是非觀還不是那麼成熟，人生閱歷也很狹窄。追星以後，她發現自己暗淡的生活照進了一絲光亮，她，也是可以成為她自己的。可以說，她幾近瘋狂的追星，是對自己可能被束縛的人生的一種逃避。

從故事裡我們發現，佳佳瘋狂的追星，一方面是因為自己被父母保護得太好，沒有體驗過叛逆的感覺；另一方面，恰恰是偶像的「完美」，讓俊豪在她眼裡黯然失色。

佳佳真的不知道追星往往是在追尋一種幻象嗎？她一定知道，但還是沉迷了，一方面是對於佳佳這樣年輕女孩來說，她們很難抵擋得住偶像的魅力，這便導致其他人在她眼中黯然失色；還有一方面是追星給她帶來的體驗感，是她平淡生活的調劑品。

佳佳這樣的女孩讓人恨不起來，因為她沒有攻擊性、沒有害人的心思。虛擬式單身的人，可能是因為人格的不完善，像佳佳一樣，追星至上，對於其他事情沒有主見，習慣了被安排。妳一直在單向奔赴，但那個舞臺上的「他」真的會垂青於你嗎？

願每一個女孩都能和心上人，腳踏實地，談一場看得見、摸得著的戀愛。

蜂蜜雖甜，但生活也需要麵包

虛擬式單身這條路上的那個「她」，或許正沉溺於偶像的完美而無法自拔、或許正經歷著物質貧瘠的痛苦、或許正被平凡無奇的自己所困擾，又或許對於身邊不完美的人無法忍受。面對舞臺上耀眼的偶像，她終究是無法掙脫，敗給了殘酷的現實和破滅的美夢，也就此將自己拖入了無望愛情的深淵。

對虛擬愛情的期待是對現實的反抗。在愛情或是生活裡，或平淡、或不堪重負的她，彷彿內心深處總在期待著什麼。當這份期待的感覺湧入內心，她便會被眼前的一切蒙蔽。

愛情不是一個人的獨角戲。在這個今日不知明日事的時代，能夠將自己的愛付出給偶像也是一種能力，然而這份虛無縹緲的愛，也因為她在不經意間被舞臺上的光鮮亮麗遮蔽雙眼，而變得不理智且脆弱易碎。可能她在自己創造的虛擬世界裡，真的一時看不清到底什麼是真、什麼是假吧，然而卻不得不承認，自我欺騙才是無法抽身的關鍵因素！

愛情對她而言可能是渴望的、不受拘束的，而她的情感也因此處於不知所終、不知所往的虛浮狀態！在虛擬式單身的這條道路上，愛她的那個他或許會在暗夜裡嘆息：「我該拿什麼拯救妳，我的愛人！」或許她也沒有意識到，當這條路走到終點，最終自己會失去愛人的能力。而她在途中遇到的一個個偶像，也只不過是被包裝得完美無瑕的普通人。

長久的愛情不僅需要蜂蜜，也需要能夠填飽肚子的麵包。走進婚姻的殿堂或許不能代表彼此是一生所愛，卻是彼此相互攜手一生的勇氣與承諾。長久的感情面對的將不再是年少青春時代的瘋狂與熱烈，兩人間的愛情終究會走向靜水流深。生活中各種瑣碎的事不斷襲擊著她，身心俱疲的她或許很需要愛人的深情一吻或擁抱。然而給她蜂蜜的那個偶像，卻永遠不會為她提供麵包。

當生活長久陰雨連綿，偶然出現的陽光當然會被她視若珍寶。面對這一切，她或許最終選擇虛無縹緲的瘋狂，情感的疲憊最終將她拖入無望的期待，逐漸迷失在無解的迷宮之中。

她的世界裡永遠不會缺少偶像的光環，甚至一週就可以更換一次偶像，然而她只是被光鮮與華麗蒙蔽了雙眼。拒絕這耀眼卻傷人的「光環」，需要自己的判斷與選擇，合理的判斷來源於自身，而堅定的選擇或許需要他的給予。愛情的樣子從來不是完美無瑕的，生活裡也不是僅只有麵包。

2 「我喜歡你」可能也是一種錯覺

虛擬式單身群體，他們也許認為自己有戀人，但實際上這樣的愛是水中月鏡中花，終究會幻滅。這樣的選擇可以被看作是他們逃避現實的一種做法，但實際上，虛擬式單身，是主動選擇，也是性格使然。

・戀愛經驗不足，錯把仰慕當真愛

虛擬式單身群體的生活可能缺少一些波瀾。就連戀愛也是聽從家裡的安排，缺少從相識、相知到相戀的實戰經驗。

從作為粉絲單方面的相識，到線下追星後產生的依戀和虛無感，儘管佳佳知道這種不存在的愛戀是自己想像出來的，卻依然將這種愛戀當作真實，偶像的一顰一笑都能激起她心中的萬丈浪花。

可是，這樣也會導致在面對現實生活中的普通戀愛時，他們會覺得自己真正的另一半黯然失色，這段感情索然無味。他們痴迷於這種狀態，享受著這虛無縹緲的「愛情」。

・內心的執念把貪欲當愛情

虛擬式單身群體生命中缺乏能帶給他們高情緒價值的人，這個人一旦出現，他們便會無條件的相信對方。從佳佳的身上我們可以看到，嚴格的家教、無微不至的照顧，令她難以體會到生活的艱辛，她缺少許多新鮮快樂的生活體驗。而在開始追星之後，佳佳覺得自己的存在就是為了舞臺上的那個他，自己的價值被肯定，體驗到了前所未有的瘋狂感覺。她以為這種感覺就是愛情，殊不知這是她心理不成熟的表現，是單向奔赴的幻影。當偶像滿足了她對理想愛情的嚮往，她便錯把與偶像的聯結當作愛情。

正如作家史蒂芬．茨威格（Stefan Zweig）傳記中寫道的那句話：「她那時候還太年輕，不知道所有命運贈送的禮物，早已在暗中標好了價格。」不在欲海浮沉中隨波逐流，才能有效避免自己進入這樣一段虛擬戀愛中。

•對情感上癮式依戀

虛擬式單身群體的人生可能如同藤蔓一般，缺乏清晰的規畫和方向感，很難把握自己的人生軌跡，遇到大風大浪時傾向於依附他人。他們的口頭禪往往是「走一步看一步」，也經常把「以後再說吧」掛在嘴邊，顯然他們不夠獨立，方向和目標不明確，對未來的規畫思考不足。對他們來說，當生活中出現一個「大英雄」時，他們很容易產生依賴情結，讓他們感覺自己好像擁有了什麼，並把這視為真愛供奉。

3 在自己編織的謊言中自我沉醉

虛擬式單身群體往往對愛情有著完美的想像，他們認為自己在現實生活中體驗到的情感沒有想像中的完美，當遇到有完美人設的偶像時，他們很容易陷入自我感動、自證預言、自我說服，不自覺的掉入「飯圈」[1]中，而且可能會為自己暗自加戲碼，比如，歌手唱的每一首歌都是只為自己而作，影視明星的每一個角色是為自己設定的等。而且他們總是相信有一天自己會被偶像看見。

首先，這類個體的自我價值需要他人的確定。一般而言，內心具有極強自我價值的人不太容易被情感控制，因為他們有足夠的力量應對生活中的情感傷害。但虛擬式單身群體不同，他們潛意識裡認為：「只有愛你，我才有活著的真實感；如果這最後一點愛都被剝奪，那我的存在也沒有必要。」

其次，這類個體人格不夠獨立，要麼過於單純、要麼過於偏執。特別是在感情上，這類個體也許過往感情經驗相對較少，而且缺乏積極體驗與成就感。他們在現實中找不到理想的另一半，當明星出現在自己的生活裡，透過一次次的追星活動，他們便認定這個人就是自己心中最理想的人。

也許是過去的感情帶給這類個體的挫折感，導致他們對現實感情不抱幻想，以至於他們在追星的過程中，把自己的情感全部投入其中，無法從想像的愛戀中走出來，從偶像身上汲取無窮動力，想像自己的完美情感就在身邊。

最後，把幻想當現實，會慢慢混淆現實與想像，彷彿自己感受到了滿滿的愛。對他們來說，偶像的每一句話都是心理的支持，每一次面對面都是心靈的慰藉，這樣的生活會讓他們沉入其中，會讓他們體驗到幸福感，認為偶像一直是自己心中的太陽。

1 網路用語，指粉絲圈子的簡稱。

4 完美的王子與公主並不存在人世間

對於現實愛情經驗的認知偏向於完美，這件事會使他們陷入想像愛情中，而偶像的出現正好滿足了他們的心理需求。因此，要從想像回到現實，需要的是積極的自我認知、主動社交、用心的自我成長。

・積極的自我認知

這裡指的是透過與異性交往而獲得的積極認知，如果在更近一層的親密關係中被認可、被接納、被給予積極的真實的正回饋，這樣慢慢的內在自我認識會逐漸增強，內心真正強大了，自己閃閃發光了，才會活成光源、活成自己期待的樣子，真愛自然而然就會來。其中，需要自我覺察、自我反思，反觀自我，懂得自己內心的需要。

・主動社交

在我們的社交面擴大後，我們的認知會在不自覺中提升，充分社會化後會有千帆過盡的透澈，能夠理性追星，不把偶像當戀人。積極參加組織的團建與集體活動，在活動中增長見識與智慧，在日常生活中觀察、了解人，透過現象看本質，特別是對額外的示好，多問幾個「為什麼、憑什麼、是什麼」，他為什麼如此待我？交淺言深值得懷疑。我憑什麼值得接受對方的示好？這樣的評估會讓我們更加理性清晰。

・用心的自我成長

所有的成長都是有代價的，沒有人的成長是不帶痛苦的體驗的。從這個意義上講，愛不一定是試金石，但可以是試錯的實驗室，不要因為害怕在親密關係中犯錯就放棄嘗試，當我們嘗到帶著毒素的甜蜜時要有壯士斷腕的決心。這一點對於身陷虛擬感情旋渦中的人而言，雖然非常不容易，但是一定要記得：在任何時候，我們都擁有選擇權。

不要喪失愛自己的能力

愛自己是積極的生活態度，有了愛自己的能力，才更有餘力愛別人。虛擬式單身群體突圍方法：

・對虛擬愛情說「不」

這世界上沒有哪一種愛情，值得我們失去自我，更不用說追星這種虛無縹緲的愛了。能夠及時在虛擬愛情中全身而退，是我們需要學習的。正如人生的酸甜苦辣，戀愛有甜蜜，就必然會有酸澀。

因此，對於處在這種感情狀態中的虛擬式單身群體而言，對偶像的迷戀及時說不，會讓你有機會獲得自我成長，多拓展交友邊界，與更多的人交往，獲得人際交往的技能，提高知人識人的能力，劃清自我邊界，從對偶像無限美好的想像戀愛中走出來，與現實的人產生聯結，慢慢的在現實生活中嘗試談情說愛，並且讓自己的愛情之花落地結果。

•愛自己的能力，是人生中最寶貴的財富

世界上最糟糕的事情不是沒有足夠的愛，而是我們喪失了愛自己的能力。想獲得愛，一方面，要有被愛的經歷和感覺，而這種體會來自愛自己本身。你要先知道自己是誰，自己想要成為什麼樣的人，知道什麼才能滿足自己最深刻的需求和渴望。另一方面，愛情需要付出，你只有懂得愛自己之後，才會懂得如何付出。

清楚了這些，才能真正體會到，你想要什麼樣的愛情，在親密關係中你又應該扮演什麼樣的角色。如果還沒有學會愛自己就去愛上他人，很有可能如蠟

燭般照耀他人而犧牲自己。

・糾錯也是一種能力

時尚女王可可・香奈兒（Gabrielle Chanel）曾說過：「自由是一種讓人恐慌的禮物，可是一旦你真正願意去扛起自己的命運，自由就變成了你的空氣、你的呼吸。」對於沉浸在對偶像的無限愛戀中的你來說，發現自己感情中存在的問題，並即時糾錯並非一件容易的事情，它需要果斷、勇敢、冷靜，說到底，需要的是你在糾錯後對於自我心態的調整，擁有能夠給自己建立一個獨立的、富足的精神世界的能力。

或許對自我迷醉的感情進行糾錯的初期會讓你感到恐慌，但是請相信自己的能力，糾錯造成的痛苦會隨著你的努力慢慢淡去，自由終將會成為你的氧氣。脫離對偶像的單純臆想，把自己的雙腳扎實的踩在現實的大地上，你會安穩而且自在。

最適合你的他是誰？

他的心理年齡比你大，
是一個擁有成熟型人格的人，
他會用時間等待你成長。
你需要長一雙慧眼，
然後緊握他的手，一直向前走。

＊＊＊

當你的偶像成為白月光，
你的心都飄浮在想像的完美中。
當你的腳踩在踏實的大地上，
放下幻想，卸下濾鏡，
真實的愛，
會讓你感到安穩而踏實。

影視劇推薦——《午夜・巴黎》

《午夜・巴黎》（*Midnight in Paris*）是二〇一一年由伍迪・艾倫（Woody Allen）編劇並執導，歐文・威爾森（Owen Wilson）、瑞秋・麥亞當斯（Rachel McAdams）、瑪莉詠・柯蒂亞（Marion Cotillard）等連袂主演，一部以法國巴黎為背景的浪漫喜劇和奇幻電影。

該影片表現的主題是懷舊情緒、現代主義和存在主義，講述了一個年輕人對巴黎的熱愛，同時也闡釋了一種誇張的幻覺，那就是，別人的生活總是比自己的生活過得好，因為這種幻覺而產生了生活上的矛盾與不安。

吉爾（Gil Pender）攜未婚妻伊內茲（Inez）陪著岳父、岳母來巴黎度假。他希望留在巴黎完成自己的第一部小說，但是伊內茲及其父母堅決反對。在一次用餐時，伊內茲遇到了昔日同學保羅（Paul）夫婦，他們一同出遊。保羅到處賣弄，跟導遊喋喋不休，令吉爾反感不已。

午夜時分，當吉爾在巴黎的街上無聊的閒逛時，一輛復古小汽車忽然出現在眼前，這時他還不知道，通往夢想中黃金時代的門向自己敞開了，就像那輛載著灰姑娘去參加舞會的南瓜馬車一樣。車上的人們不由分說，拉上吉爾奔向了一場神祕的聚會……。

聚會上，吉爾簡直不敢相信自己的眼睛，自己萬般敬仰的、已經過世的大師們，此時此刻竟然出現在眼前，甚至還與自己交談了起來。更為羅曼蒂克的是，他與亞得利亞娜（Adriana）擦出了愛情的火花，她是大畫家亞美迪歐・莫迪利亞尼（Amedeo Modigliani）、巴勃羅・畢卡索（Pablo Picasso）的繆斯[2]兼情人，舉手投足間的魅力，讓吉爾愛她愛得無法自拔。

回頭想到自己毫無文學細胞的未婚妻伊內茲，吉爾覺得亞得利亞娜才是自己的「真命天女」。然而，這份在吉爾看來完美的愛情，在吉爾與亞得利亞娜

2 泛指詩人、音樂家等的靈感泉源或能力。

表白之後，卻發生了轉折。

兩個人在一九二〇年代的街頭再次穿越，乘坐那輛神祕的復古車來到了十九世紀末，這裡有復古的舞蹈，還有後印象派的藝術大師，此時被稱為巴黎的「美好時代」，而這，也是亞得利亞娜心中最好的時代。儘管亞得利亞娜生活在吉爾心中的黃金時代，但她卻不覺得自己的時代有多麼美好，在她眼裡，一九二〇年代浮躁又無聊，就像吉爾心中的二十一世紀一樣。

最終，在兩個人觀點的猛烈衝擊之下，吉爾逐漸明白：也許不存在一個真正的最好的時代，每個時代都有自己的弊病，是時間的濾鏡讓人們為過去附上一層神祕的面紗，認為那些已經過去的時代才是更好的時代。亞得利亞娜執意留在她最愛的十九世紀末，留在她心中巴黎最美好的時代生活。而經歷了數次穿越的吉爾，最終也回到了二十一世紀的現實生活之中，與亞得利亞娜就此分道揚鑣。

吉爾回到了現實世界，這一切彷彿只是自己的一場盛大夢境，吉爾終於下定決心拋棄幻想，認真完成自己的小說創作。

你看，人與人相識的最初永遠都是美好的，心中完美的、舞臺上的那個他，也只是一個會犯錯、會令你失望的普通人，那些被你看膩了的風景、過膩了的生活，也許是別人心中求之不得的黃金歲月。所以，珍惜當下吧。

▲《午夜·巴黎》電影預告。

國家圖書館出版品預行編目（CIP）資料

你是誰就會遇見誰：愛情靠天意，但更需要人為，為每個希望進入親密關係的人找出路。／段鑫星、呂凱淇、謝幸福著. -- 初版. -- 臺北市：大是文化有限公司，2024.04
272 面；14.8 × 21公分. --（Think；278）
ISBN 978-626-7377-90-1（平裝）

1. CST：戀愛心理學　2. CST：人格心理學

544.37014　　113000617

Think 278

你是誰就會遇見誰

愛情靠天意，但更需要人為，為每個希望進入親密關係的人找出路。

作　　者／段鑫星、呂凱淇、謝幸福
副 主 編／蕭麗娟
校對編輯／林盈廷
美術編輯／林彥君
副總編輯／顏惠君
總 編 輯／吳依瑋
發 行 人／徐仲秋
會計助理／李秀娟
會　　計／許鳳雪
版權主任／劉宗德
版權經理／郝麗珍
行銷企劃／徐千晴
業務專員／馬絮盈、留婉茹
行銷、業務與網路書店總監／林裕安
總 經 理／陳絜吾

出 版 者／大是文化有限公司
臺北市 100 衡陽路 7 號 8 樓
編輯部電話：（02）2375-7911
購書相關資訊請洽：（02）2375-7911 分機122
24小時讀者服務傳真：（02）2375-6999
讀者服務E-mail：dscsms28@gmail.com
郵政劃撥帳號：19983366　戶名：大是文化有限公司

法律顧問／永然聯合法律事務所
香港發行／豐達出版發行有限公司 Rich Publishing & Distribution Ltd
地址：香港柴灣永泰道 70 號柴灣工業城第 2 期1805 室
Unit 1805,Ph .2,Chai Wan Ind City,70 Wing Tai Rd,Chai Wan,Hong Kong
Tel：2172-6513　Fax：2172-4355
E-mail：cary@subseasy.com.hk

封面設計／初雨有限公司
內頁排版／陳相蓉
印　　刷／韋懋實業有限公司
出版日期／2024 年 4 月初版
定　　價／新臺幣 390 元（缺頁或裝訂錯誤的書，請寄回更換）
ISBN／978-626-7377-90-1（平裝）
電子書ISBN／9786267377864（PDF）
9786267377857（EPUB）